Legende

KW	....	Kalenderwoche
DS	....	Direktsaat
PF	....	Pflanzung
Salat 1	....	Salat 1. Satz
MiTu	....	Minitunnel

	A5	A6	A7	A8
	KW 14 Kohlrabi 2 PF	**KW 10** Rettich 1 DS	ab **KW 10** Fenchel 1 PF	
W 15 (mmer-)Lauch 1 PF **W 25** ckrüben 1 PF abgeerntete len schen Lauch nzen)	ab **KW 23** Salat 3 als Schnittsalat PF (evtl. in Lücken pflanzen)	**KW 23** Kohlrabi 3 PF **KW 33** Spinat 4 DS	evtl. Zwischenfrucht: Buchweizen (spätestens **KW 22**) **KW 26** Grünkohl 1 PF	

	B5	B6	B7	B8
ngold aus dem jahr **W 19** Möhren 2 DS ger) urzelpetersilie S	**KW 10** Schnittlauch 1 PF (1–2 Pflanzen an den Rand) **KW 16** Sellerie 1 PF	**KW 19** Pastinaken 1 DS + Chicorée 1 DS	Knoblauch aus dem Vorjahr **KW 32** Feldsalat 1 DS	

	C5	C6	C7	C8
16 Mangold 1 PF	**KW 16** Rote Bete 1 DS (frisch) **KW 34** Feldsalat 3 DS	**KW 10** Scheerkohl 1 DS **KW 19** Buschbohnen 1 DS **KW 28** (Winter-)Lauch 2 PF + Fenchel 3 PF	**KW 15** Fenchel 2 PF **KW 27** Kohlrabi 4 PF (Superschmelz) **KW 42** Knoblauch 1 PF	

(⇕* über C6)

	D5	D6	D7	D8
10 MiTu ebeln 2 PF (frisch) ucola 2 DS **21** Kürbis 1 PF **38** MiTu salat 1 PF	**KW 6** Ackerbohne als Gründüngung **KW 21** Zucchini 1 PF **KW 38** Gründüngung als Untersaat (z. B. Phazelia)	**KW 6** Ackerbohne als Gründüngung **KW 21** Zucchini 1 PF **KW 38** Gründüngung als Untersaat (z. B. Phazelia)	**KW 12** Mairübchen 1 + Radieschen 2 DS **KW 21** Gurken 1 PF **KW 35** Feldsalat 4 DS (wenn Gurken schon abgeräumt sind, früher säen)	

Beete sollten für mehr Abwechslung in der Fruchtfolge rotieren.

Falls ihr mehr als 40 m² Platz habt, könnt ihr euren Garten auch erweitern, z. B. um einen Kompostplatz, Anbaufläche für Mulchmaterial, mehr Gemüsebeete, Blühstreifen, Beete für mehrjährige Pflanzen, Obstbäume, Beerensträucher …

taschenGARTEN von _____

Auch in diesem Jahr haben wieder viele Menschen zum Gelingen des taschenGARTENs beigetragen:

Redaktion, Texte und Zeichnungen:
Kati Bohner ist Gärtnerin und Ethnologin. Lange Jahre gab sie Kurse und hielt Vorträge im Rahmen der GartenWerkStadt zu ökologischem Anbau und agrarpolitischen Themen. 2021 hat sie die Gärtnerei Rübchen mitgegründet und gärtnert dort nach biointensiven Prinzipien. Beim taschenGARTEN ist sie von Anfang an mit dabei und macht auch viele der Zeichnungen.

Anja Banzhaf beschäftigt sich mit agrarpolitischen Themen und veröffentlichte 2016 das Buch »Saatgut. Wer die Saat hat, hat das Sagen«. Sie arbeitet bei Dreschflegel Saatgut im Versand, ist seit 2018 in der Redaktion des taschenGARTENs tätig und zeichnet für diesen auch das Cover.

Artikel und Interview:
Matthias Ristel ist begeisterter Pflanzenzüchter, -forscher und Gärtner. Neben Obst (im apfel:gut e.V.) und Wein beschäftigt er sich inzwischen auch mit der Sortenentwicklung von Artischocken (im Glashüpfer e.V.).
Für **Inde Sattler** ist es Berufung, leckere ökologische Äpfel zu erzeugen und die Sortenvielfalt zu fördern. Sie bewirtschaftet mit ihrem Mann das »Apfelschiff« mit vier Hektar Obstanlagen in Schleswig-Holstein und ist Mitgründerin und Züchterin im apfel:gut e.V.
Hans-Joachim Bannier betreibt das »Obstarboretum Olderdissen« in Bielefeld mit über 300 alten und neuen Apfelsorten und ist Mitglied im apfel:gut e.V., im Pomologen-Verein e.V. sowie Vorstandsmitglied im Dachverband Kulturpflanzen- und Nutztiervielfalt e.V.

Weitere Beiträge:
Jan Bade (Obst-Manufaktur Niederkaufungen) und
Sonja Biewer (Göttinger Streuobst-Solawi).

Inhalt

Vorwort	4
Gärtnern mit dem taschenGARTEN	6
Kleiner Garten – große Ernte: Der 40 m²-Garten	7
Apfel, Quitte, Reneklode	9
Die Vielfalt im Garten ist mehr als lecker – sie hat eine globale Dimension	
Anja Banzhaf	
Plädoyer für den Erhalt der Apfelvielfalt	15
Genetische Verarmung im modernen Erwerbsobstbau und Potenziale alter Apfelsorten	
Hans-Joachim Bannier	
Ferientermine	23
Jahresübersicht 2023	24
Kalenderteil mit Terminplan und Miniinfos	30
Jahresübersicht 2024	142
Erste Schritte im Obstgarten	148
Matthias Ristel	
apfel:gut e.V.	156
Inde Sattler	
Göttinger Streuobst-Solawi	158
Kati Bohner sprach mit der Gründerin Sonja Biewer	
Fruchtgemüse aus dem Gewächshaus	160
Kati Bohner	
Fragen an ein Samenkorn …	168
oder was ihr bei der Anbauplanung bedenken könnt	
Legende und Begriffserklärung	174
Anbautabelle	176
Gründüngungen – den Boden bedecken	186
Düngetabelle: Pflanzen brauchen Nährstoffe	187
GartenWerkStadt	190

Liebe Leser*innen,

für diesen taschenGARTEN haben wir uns vom Thema Obst fesseln lassen. Die Vielfalt der Arten und Sorten, die für den Hausgarten oder die Obstwiese geeignet sind, ist beeindruckend. Ob wir uns mit den unzähligen Apfel-, Birnen-, Kirsch- oder Pflaumensorten beschäftigen, uns an die wärmeliebenden Aprikosen, Pfirsiche und Kiwis herantrauen, in die Welt der Beeren eintauchen oder Wildobst wie Kornelkirsche, Berberitze oder Mispel kennenlernen – uns erwartet eine faszinierende Fülle, die unsere Gemüsegärten bereichern und uns selber beglücken kann.

Gleichzeitig ist eben diese Vielfalt bedroht, denn im industriellen Nahrungsmittelsystem liegt der Fokus auf einigen wenigen Sorten, die für den großflächigen, maschinisierten Anbau und den weltweiten Handel geeignet sind. Wozu wir aber die Obstvielfalt brauchen und was diese mit der globalen Biodiversitätsdebatte zu tun hat, beschreiben wir auf S. 9. Hans-Joachim Bannier schildert auf S. 15 die genetische Verarmung in der Apfelzüchtung und plädiert für den Erhalt alter Sorten – unter anderem, da sie für Selbstversorger*innen viele Potenziale bieten. Wie ein Erhalt durch Nutzung gelingen kann, zeigt das Beispiel von Sonja Biewers Streuobst-Solawi (S. 158). Gleichzeitig spielt eine ökologische Züchtung, die mit den alten Sorten arbeitet und diese weiterentwickelt, eine wichtige Rolle für den zukunftsfähigen Obstbau. Inde Sattler erzählt auf S. 156 vom Engagement des apfel:gut e.V. für eine ökologische Sortenentwicklung.

Aber wie geht der Obstanbau im Hausgarten eigentlich? Was muss beachtet werden, welche Arten und Sorten eignen sich für welchen Standort und woher bekomme ich weitere Infos? Der taschenGARTEN bietet natürlich viel zu wenig Platz, um alle Fragen zu beantworten. Erste Grundlagen zu Sortenwahl, Pflanzung, Pflege und Ernte jedoch erklärt Matthias Ristel auf S. 148. Und in den Miniinfos rund ums Jahr findet ihr Vorschläge, was ihr im jeweiligen Monat im Obstgarten machen könnt. Weitere Praxistipps, Obstporträts, spannende Infos zur Obstvielfalt und Literaturhinweise runden unser Schwerpunktthema ab und geben euch genügend Grundlagen an die Hand, um bei Bedarf von dort aus weiter zu recherchieren.

Wie für den Gemüsegarten gilt auch beim Obstanbau, dass für jede Gartengröße etwas dabei ist. Während für einen weitläufigen Garten sogar ein Streuobstbaum infrage kommt, können in kleinen Gärten Spindel- und Spalierbäumchen, Beerenbüsche und rankende Obstarten wie Kiwi oder Wein ihren Platz finden. Und selbst auf Balkon oder Terrasse könnt ihr Obst anbauen (KW 42).

Doch natürlich soll es dieses Jahr nicht nur um Obst gehen, auch das Gemüse soll wachsen und gedeihen. Manches Gemüse erinnert durch seine Früchte sehr an Obst, und vom Anbau dieses Fruchtgemüses im Gewächshaus handelt Katis Text auf S. 160. Darüber hinaus ist auch dieser taschenGARTEN wieder reich gefüllt mit Gemüsegartentipps und Hinweisen zur Anbauplanung. Der Beet- und Gewächshausplan, der unseren Jubiläumskalender 2022 als Einleger ergänzte, ist in diesem taschenGARTEN vorne und hinten in den Buchklappen abgedruckt. Im Text »Gärtnern mit dem taschenGARTEN« (S. 6) erklären wir, wie ihr mit dem Konzept des 40 m²-Gartens, das wir im letzten Jahr erstmalig vorgestellt haben, arbeiten und es individuell anpassen könnt. Hierzu gibt es auch im Kalenderteil viele praktische Hinweise zur Umsetzung. Weitere Informationen dazu, wie ihr diesen 40 m²-Garten an eure Bedürfnisse anpassen und Kreisläufe im Garten möglichst weit schließen könnt, sind im taschenGARTEN 2022 beschrieben. Wer diesen nicht hat, findet ihn – wie auch alle anderen älteren Ausgaben – auf unserer Internetseite zum Herunterladen. Ab S. 168 im diesjährigen Kalender haben wir einiges an gärtnerischem Grundwissen zusammengestellt. Dieser Teil ist vor allem für Einsteiger*innen wichtig und für Menschen, die unsere Anbauplanung selbst anpassen wollen!

Wir wünschen euch ein wundervolles, obst- und gemüsereiches Gartenjahr!

Anja und Kati von der taschenGARTEN-Redaktion

Kontakt und Info:
taschengarten@gartenwerkstadt.de
www.taschen-garten.de

Gärtnern mit dem taschenGARTEN

Mit dem taschenGARTEN wollen wir euch beim Gärtnern unterstützen. Es gibt eine ganze Reihe Faktoren, die einen Einfluss darauf haben, wie das Gärtnern gelingt. Besonders zentral im Gemüsegarten ist eine gute Anbauplanung. Das ist, wie der Name schon sagt, ein Plan dazu, was wann und wo angebaut werden soll. Für unsere taschenGARTEN-Anbauplanung haben wir einen ganz konkreten Plan für einen Gemüsegarten mit 40 m² Anbaufläche entworfen (welcher jedoch auch für andere Gartengrößen flexibel angewendet werden kann). Gerade denjenigen von euch, die mit dem Gärtnern beginnen, wollen wir so den Einstieg erleichtern. Denn Anbauplanung klingt oft kompliziert und schreckt ab. Dabei soll doch die Freude am Gärtnern im Mittelpunkt stehen und nicht das Erstellen komplizierter Tabellen. Deshalb versuchen wir, euch diese Arbeit ein Stück weit abzunehmen.

Die Planung ist von den Prinzipien der regenerativen Landwirtschaft inspiriert (S. 7). Sie orientiert sich an Temperatur-, Platz-, Licht- und Nährstoffbedarf der Pflanzen und achtet auf eine ausgewogene Fruchtfolge. Außerdem ist uns wichtig, dass die Anbaufläche möglichst gut genutzt wird und der Boden während eines möglichst langen Zeitraums im Jahr von Pflanzen bedeckt ist. So könnt ihr von einer kleinen Fläche viel ernten, und gleichzeitig versorgen die Pflanzen nicht nur euch, sondern auch das Bodenleben und begünstigen die Bodenfruchtbarkeit (KW 24 und tG 2021, S. 16 ff.). Auf den nächsten Seiten erklären wir genau, was wir bei der Erstellung der Anbauplanung berücksichtigt haben. Im Kapitel »Fragen an ein Samenkorn« ab S. 168 findet ihr viele weitere grundlegende Infos zu Anbauzeitpunkten, Gründüngungen, Düngung und Kulturführung. Mit diesem Wissen lässt sich der Plan problemlos für alle Gärten anpassen – egal ob ihr 10 m² oder 200 m² bewirtschaften wollt. Der Beetplan vorne sowie der Gewächshausplan hinten in diesem taschenGARTEN stellen eine Zusammenfassung der Anbauplanung dar. Zusätzlich erinnern wir euch im Kalenderteil jede Woche daran, was gerade gesät und gepflanzt werden kann. Auf S. 174 haben wir eine ausführliche Legende zusammengestellt, damit ihr nachschlagen könnt, was sich hinter den Abkürzungen und Begrifflichkeiten verbirgt.

Kleiner Garten – große Ernte: Der 40 m²-Garten

Wer sich genau an unserem Gartenplan orientieren möchte, ohne ihn für andere Bedürfnisse und Voraussetzungen anzupassen, sollte:

- sich auf eine saisonale Ernährung einlassen wollen,
- Lust haben, einen Teil der Ernte haltbar zu machen,
- Lagermöglichkeiten haben (kühler Keller und/oder Möglichkeit zur Lagerung im Garten, s. tG 2016, KW 40),
- dem Garten kontinuierlich Aufmerksamkeit und Zeit schenken können,
- mindestens 40 m² Beetfläche, aufgeteilt in 32 m² Freiland und 8 m² Anbaufläche im Gewächshaus, haben oder anlegen können.

Die Anpassung des Gartenplans für andere Bedürfnisse, Gartengrößen und Voraussetzungen ist problemlos möglich (s. tG 2022, S. 9).
Gärtnerisch orientiert sich die Anbauplanung an biointensiven Methoden und integriert Prinzipien des regenerativen Anbaus. Dazu gehören unter anderem:

Anbau in Dauerbeeten: Das bedeutet, dass die Beete jedes Jahr an der gleichen Stelle im Garten sind und am besten nicht betreten werden. So könnt ihr Verdichtungen auf der Anbaufläche vermeiden, die z. B. bei Laufwegen entstehen. Beete zwischen 75 und 100 cm Breite haben sich als praktisch erwiesen. Man kann gut über sie steigen und erreicht von der Seite die Beetmitte, um dort zu pflanzen, pflegen oder ernten. Im Beetplan gehen wir von 100 cm Beetbreite aus.

Mehrfachbelegung und geringe Pflanzabstände: Um auf wenig Raum viel zu ernten, könnt ihr die Beete mehrfach im Jahr bepflanzen/einsäen. Besonders gut geht das, wenn ihr Jungpflanzen vorzieht, da ihr so die Standdauer der Pflanzen im Beet verkürzt. Außerdem werden im biointensiven Anbau bei vielen Arten Sä- und Pflanzabstände reduziert und so die Bestandsdichten erhöht. Das ist bei guter Bodenfruchtbarkeit und gesundem Bodengefüge durchaus möglich. Machbar ist das auch durch viel Handarbeit, denn dadurch besteht nicht die Notwendigkeit, sich an gängigen Abständen von z. B. Pflanzmaschinen zu orientieren. Aber Achtung: Pflanzen brauchen trotzdem genug Platz zum Wachsen und auch Luft zum Abtrocknen, wodurch z. B. der Ausbreitung von Pilzkrankheiten vorgebeugt wird (KW 29).

Kontinuierliche Bodenbedeckung: Die Mehrfachbelegung hat noch einen anderen Sinn: Für euren Boden ist es am besten, wenn er über eine möglichst lange Zeit im Jahr mit lebendigen Pflanzen bedeckt ist. Die Pflanzen geben einen Teil des Zuckers, den sie über die Photosynthese produzieren, an das Bodenleben weiter. So kann dieses sich gesund entwickeln und zur Bodenfruchtbarkeit beitragen. Und falls gerade kein lebendiger Bewuchs möglich ist, könnt ihr mit organischem Material mulchen oder den Boden mit einem wasser- und luftdurchlässigen Material (z. B. Bändchengewebe) abdecken.

Kompost: Dieser verbessert die Eigenschaften eures Bodens und stellt Nährstoffe für das Pflanzenwachstum bereit. Vor allem wenn euer Boden noch nicht optimal fruchtbar ist, solltet ihr regelmäßig Kompost einsetzen (s. tG 2022, KW 11).

Schonende Bodenbearbeitung: Mechanische Bodenbearbeitung bringt immer auch die Bodenstruktur durcheinander und greift das Bodenleben an. Das kann sich negativ auf die Bodenfruchtbarkeit auswirken. Am besten ist es daher, die Bodenlockerung über die Wurzeln der Pflanzen hinzubekommen. Egal ob bei Gründüngungen oder euren Kulturpflanzen: Lasst beim Abräumen und Ernten die Wurzeln im Boden. Sie zersetzen sich an Ort und Stelle und hinterlassen Hohlräume, die den Boden lockern. Und falls ihr doch mechanisch bearbeiten wollt, solltet ihr es vermeiden, den Boden zu wenden (z. B. durch Umgraben) und stattdessen mit einer Grabgabel oder Grelinette arbeiten (tG 2021, KW 22).

Zum Weiterlesen: Die taschenGARTEN-Ausgabe 2021 handelt vom regenerativen Anbau. Hier findet ihr viele weitere Infos und Hintergründe.

Apfel, Quitte, Reneklode
Die Vielfalt im Garten ist mehr als lecker – sie hat eine globale Dimension
von Anja Banzhaf

Das Obst, das wir heute im Supermarkt angeboten bekommen, ist nur ein winziger Ausschnitt der Vielfalt, die es vor noch nicht einmal einem Jahrhundert gab. Wo sind all die Kirschen-, Birnen-, Pflaumen- und Mirabellensorten, was ist aus der Vielfalt von Apfel, Quitte und Reneklode geworden? Die alten Obstbaumbestände, die heute noch auf Streuobstwiesen und an Feldwegen zu finden sind, geben uns einen winzig kleinen Einblick in das ehemals so breite Sortenspektrum. Viele verschiedene Faktoren haben zum Verschwinden dieser beeindruckenden Vielfalt an Arten und Sorten aus unseren Gärten, Köpfen und Küchen beigetragen. Neben dem Verlust der Farben, Geschmäcker und Verarbeitungsmöglichkeiten ist dies sowohl für den ökologischen Obstbau als auch im Kontext der globalen Biodiversitätsdebatte eine äußerst brisante Entwicklung.

Wozu Vielfalt?
Wir könnten ja argumentieren, viele dieser Arten und Sorten seien überflüssig, da sie nicht mehr so gut in unseren modernen Alltag passen – wer presst schon noch Most, kocht Mispelmarmelade ein, trocknet Dörrobst oder setzt einen Ebereschenlikör auf? Wer kennt überhaupt noch all die Verwendungsmöglichkeiten für die Vielzahl mehliger oder saurer Apfelsorten, für Koch- oder Bratbirnen? Und sind wir nicht gut versorgt mit den Sorten, die wir rund ums Jahr kaufen können? Die jahreszeitenunabhängige Verfügbarkeit von Obst durch den weltweiten Handel lässt die Konservierungs- und Verarbeitungsmöglichkeiten der Ernte und damit auch die dafür geeigneten Sorten in Vergessenheit geraten. Vielleicht brauchen wir diese Vielfalt ja gar nicht mehr?
Von wegen. Erst die Vielfalt macht unsere Landwirtschaft und unsere Gärten widerstandsfähig und robust. Die unzähligen Arten und Sorten, die auf unseren Äckern und Wiesen wachsen, sowie die Lebensräume, die dadurch entstehen, sorgen für Stabilität. Denn in einem Agrarökosystem müssen gewisse Prozesse erfüllt und Funktionen abgedeckt werden, damit alles »klappt« und wir am Ende ernten können. Laub muss zersetzt und der Boden durchlüftet werden, Nährstoffe müssen verfügbar gemacht und Wasservorräte gespeichert werden. Je mehr Tier- und Pflanzenarten an diesen unzähligen Prozessen beteiligt sind, desto besser funktioniert und desto stabiler ist das System.

Sehen wir uns beispielsweise die Bestäubung beim Obst an: Je mehr verschiedene Insekten die Bestäubung sicherstellen (z. B. verschiedene Hummelarten sowie Honig-, Pelz-, Mauer- oder Furchenbienen, s. tG 2021, KW 28) desto höher die Wahrscheinlichkeit, dass die Obsternte gut ausfällt. Denn wenn in solch einem vielfältigen Agrarsystem eine Bienenart von einer Krankheit geschwächt ist oder gar ausstirbt, gibt es viele andere Insekten, die die Bestäubung der Obstblüte weiterhin übernehmen. Eine Vielfalt an Bestäubern sorgt hier also für einen Puffer, eine Sicherheit im System.

In einem vereinfachten, vereinheitlichten Agrarsystem hingegen wird die Bestäubung im Extremfall nur noch auf eine einzige Art und Weise erfüllt. Beispielsweise werden auf den riesigen, uniformen Obstplantagen in Kalifornien so viele Pestizide ausgebracht, dass dort kaum mehr wilde Bestäuberinsekten leben. Stattdessen fahren Imker*innen ihre Bienenstöcke mit Lastwägen in die verschiedensten Plantagen Kaliforniens, immer dorthin, wo die Obstbäume gerade blühen. Das ist ein sehr fragiles System, in dem Abertausende Bienen einer einzigen Art allein für die Bestäubung der Bäume sorgen. Werden diese Bienen krank, droht schnell ein totaler Ernteverlust – es gibt hier keinen Sicherheitspuffer mehr.

Gleichzeitig sind die Prozesse in unseren Agrarökosystemen eng miteinander verwoben. Für eine Vielfalt an Insekten braucht es auch eine Vielfalt an Lebensräumen und Nahrungsquellen – ausgeräumte und vereinheitlichte Landschaften sind hingegen eher lebensfeindliche Orte.

So ist eine Streuobstwiese ein wesentlich attraktiverer Lebensraum für Insekten als eine monokulturelle Obstplantage: In Ersterer finden sie neben verschiedenen Obstbaumarten und -sorten, die zu unterschiedlichen Zeiten blühen und fruchten, auch eine bunte Wiese mit übers Jahr abwechselnd blühenden Pflanzen. Alte Bäume sowie Hecken, Büsche, Sträucher und die Wiese selbst dienen nicht nur als Nahrungsquelle, sondern auch als Nistplatz und Unterschlupf. Hier sorgt also die Vielfalt der Lebensräume für einen Puffer und für Resilienz im System. Ein insektenreicher Lebensraum wiederum zieht z. B. Vögel an, die Schädlinge im Obst reduzieren und gleichzeitig selbst als Nahrungsquelle für andere Tiere dienen. Vielfalt mehrt sich durch Vielfalt!
Und auch für unsere Ernte ist ein solches vielfältiges System von großem Vorteil, denn der Anbau verschiedenster Sorten kann ein Ertragsgarant sein. Wenn ein paar Sorten in einem Jahr z. B. von Frösten betroffen sind, können andere, die zu späteren Zeitpunkten blühen, das abpuffern. Und, ganz wichtig: Mit den Unwägbarkeiten des Klimawandels werden all diese Puffer immer entscheidender.

Schwindende Puffer im Erwerbsobstbau

Wenn wir uns jedoch den modernen, konventionellen Erwerbsobstbau anschauen, sind nicht mehr allzu viele dieser Puffer übrig geblieben. Das Gegenteil von Vielfalt ist Einheitlichkeit – und genau diese ist in der Logik eines industrialisierten Nahrungsmittelsystems notwendig, um große Mengen maschinell produzieren und weltweit verkaufen zu können.

Im letzten Jahrhundert ist der extensive Obstbau mit Hochstammsorten auf vielfältigen Streuobstwiesen den intensiven Monokultur-Niederstammplantagen gewichen, die zumeist nur noch in klimatisch begünstigten Lagen etabliert werden (Bannier 2005; Erklärungen zu Wurzelunterlagen sowie Hoch- und Niederstämmen s. KW 13 und S. 149 f). Die schwach wachsenden Wurzelunterlagen der Niederstämme haben zwar den Vorteil, dass sie extrem platzsparend sind, die Bäume schon sehr jung reich fruchten sowie leicht zu pflegen und zu beernten sind. Im Vergleich zu stärker wachsenden Unterlagen sind sie jedoch wesentlich weniger robust und können die Bäume schlechter mit Wasser und Nährstoffen versorgen. Diese Monokulturplantagen sind also sehr anfällig, z. B. für Krankheiten, Schädlinge oder Trockenheit. Zusätzlich zu diesem »Schwachpunkt« des Systems wird hier nur eine relativ geringe Anzahl an Standardsorten angebaut.

Denn durch die zentralisierten, weltweiten Handelsstrukturen sind nur noch wenige Sorten gefragt. Viele der alten Apfelsorten beispielsweise werden den Ansprüchen des Handels und der Verbraucher*innen auf makellose Früchte für den Frischverzehr (Tafelobst) nicht gerecht. Die Früchte von Mirabellen oder Renekloden sind schlicht zu weich für Transport und Lagerung. Und Birnen sind tatsächlich zu schwer, um es niedrigpreisig in den Handel zu schaffen (KW 47).

Für Großhandel oder Einzelhandelsketten zählen also ein tadelloses Aussehen der Früchte sowie deren Einheitlichkeit, Lager- und Transportfähigkeit. Die Obstzüchtung konzentrierte sich daher in den letzten Jahrzehnten auf diese Eigenschaften – Robustheit und Gesundheit der Sorten gerieten ins Hintertreffen. Und so ist ein regelmäßiger Pestizideinsatz nicht mehr aus dem konventionellen Erwerbsobstbau wegzudenken. Ein Apfel beispielsweise bekommt in seiner etwa 24-wöchigen Anbausaison durchschnittlich 31 Pestizidbehandlungen – das ist mehr als eine pro Woche (Zaller 2018).

In diesem System sind nahezu alle Puffer abhanden gekommen bzw. wurden »wegrationalisiert«, das System funktioniert nur noch aufgrund des intensiven Einsatzes von Pestiziden. Während diese Entwicklung den Obstbau extrem anfällig und instabil (und nicht gerade gesundheits- und umweltverträglich) macht, hat der Verlust von Vielfalt auch eine globale Dimension.

Biodiversitätsverlust als weltweites Problem

In den letzten Jahren häufen sich die Warnsignale aus der Wissenschaft, dass es um die Biodiversität – also die Vielfalt innerhalb der Arten, zwischen den Arten und die Vielfalt der Lebensräume – nicht gut bestellt ist. So schrieb beispielsweise der Weltbiodiversitätsrat 2016, dass bei 40 Prozent aller Insektenarten weltweit ein Rückgang mit teils dramatischen Verlusten zu verzeichnen ist. 2019 ließ der globale Biodiversitätsbericht keine Zweifel: Das Artensterben ist heute mindestens zehn bis hundert Mal höher als im Durchschnitt der letzten zehn Millionen Jahre: »Etwa 25 Prozent der Arten in den meisten Tier- und Pflanzengruppen sind bereits vom Aussterben bedroht« (IPBES 2019, S. 17).

Auch das in den letzten Jahren populär gewordene Konzept der »Planetaren Grenzen« benennt den Verlust der Biodiversität als äußerst kritisch. Hier werden verschiedene Prozesse und Systeme definiert, die für die Stabilität der Erde entscheidend sind – wie beispielsweise der Klimawandel, Landnutzungsänderungen oder der Süßwasserverbrauch. Für jeden dieser Bereiche wurden Grenzen berechnet, innerhalb der das System als stabil gilt. Nicht jede Überschreitung einer Grenze führt direkt zu einer Katastrophe. Doch in manchen der Bereiche gibt es Kipppunkte, bei deren Erreichen unberechenbare und abrupte Umweltveränderungen in großem Stil als wahrscheinlich erachtet werden.

Die komplexen Wechselwirkungen und Zusammenhänge im Ökosystem Erde machen solche Berechnungen natürlich nicht leicht. Beim Thema Biodiversitätsverlust jedoch scheinen sich viele Forscher*innen einig zu sein: Hier ist die Grenze weit überschritten, und die Stabilität der Ökosysteme (und damit auch unsere Lebensgrundlage) ist stark gefährdet. Nicht nur die Vielfalt der Arten nimmt stark ab, auch die Vielfalt innerhalb der Arten geht dramatisch zurück, und dies gilt für wilde Arten genauso wie für Kulturpflanzen und Nutztiere. Gleichzeitig ist auch die Vielfalt der Lebensräume betroffen: Wir Menschen haben in den vergangenen Jahrzehnten 75 Prozent der Landoberfläche unserer Erde stark verändert, die Landschaften werden immer einheitlicher und damit die Lebensräume für Tier- und Pflanzenwelt immer begrenzter.

All diesen Studien ist gemein, dass sie einen engen Zusammenhang zwischen dem Rückgang der Vielfalt und der Ausweitung der industriellen Landwirtschaft sehen. Die Ausbeutung natürlicher Ressourcen, die Expansion der Landwirtschaft in intakte Ökosysteme sowie die damit einhergehenden Landnutzungsänderungen (z. B. von Wald zu Acker) gehören zu den direkten Verursachern dieser Entwicklungen.

Es geht auch anders

Gleichzeitig hat die Landwirtschaft das Potenzial, einen riesigen Beitrag zur Mehrung der Vielfalt und zur Lösung der Klimakrise zu leisten (tG 2021). Um bei unserem Beispiel Obst zu bleiben: Aktuell wird an vielen Orten die Etablierung von Agroforstsystemen erprobt, also einer Kombination von (Obst-)Bäumen mit Ackerkulturen. Die Bäume können Wind- und Erosionsschutz bieten, Tieren und Pflanzen einen Lebensraum geben, den Boden lockern und Kohlenstoff speichern. Und auch ökologische Obstbetriebe wie das Apfelschiff unserer Autorin Inde Sattler (S. 156) oder die Streuobst-Solawi von Sonja Biewer (S. 158) zeigen, dass ein vielfaltsfördernder, ökologischer Obstbau möglich ist.

Doch die meisten der im konventionellen Erwerbsanbau populären Sorten sind hierfür nicht geeignet. Daher spielen die Erhaltung der noch vorhandenen Sortenvielfalt sowie die ökologische Züchtung (S. 156) eine zentrale Rolle für einen zukunftsfähigen Obstbau. Denn wir brauchen Sorten, die auch im extensiven Anbau und ohne Pestizide gesund bleiben, die an ungünstigeren Standorten, in Höhenlagen oder regenreichen Regionen gute Ernten hervorbringen und deren Früchte auch ohne professionelle Kühlung gut lagerfähig sind (Bannier 2005). Wir brauchen die vielleicht manchmal nutzlos erscheinende Vielfalt, um in der zukünftigen Züchtung auf eine breite genetische Basis zurückgreifen zu können. Denn wir können heute noch nicht wissen, welche Eigenschaften in einigen Jahrzehnten relevant sein werden. Wir brauchen die Vielfalt als Puffer.

Bei der Nutzung und Erhaltung dieser Vielfalt spielt jeder kleine Garten und jede Streuobstwiese eine wichtige Rolle. In diesem Sinne hoffen wir, dass ihr euch von diesem taschenGARTEN inspirieren und von der Begeisterung für Obstvielfalt anstecken lasst!

Zum Weiterlesen:

Bannier, H.-J. (2005): Genetische Verarmung beim Obst und Initiativen zur Erhaltung der genetischen Vielfalt. Samensurium 16.

Dohrn, S. (2017): Das Ende der Natur. Die Landwirtschaft und das stille Sterben vor unserer Haustür. Ch. Links Verlag.

Hurtig, F. (2020): Paradise lost. Vom Ende der Vielfalt und dem Siegeszug der Monokultur. oekom verlag.

IPBES (2019): Das globale Assessment der biologischen Vielfalt und Ökosystem-Leistungen. Zusammenfassung für politische Entscheidungsträger. www.ipbes.net

Schiebel, A. (2017): Das Wunder von Mals. Wie ein Dorf der Agrarindustrie die Stirn bietet. oekom verlag.

Zaller, J. G. (2018): Unser täglich Gift. Pestizide, die unterschätzte Gefahr. Deuticke.

Plädoyer für den Erhalt der Apfelvielfalt
Genetische Verarmung im modernen Erwerbsobstbau und Potenziale alter Apfelsorten
von Hans-Joachim Bannier

Vor gut einhundert Jahren gab es allein in Deutschland über eintausend dokumentierte Apfelsorten. Die reale, in dieser Zeit im Anbau befindliche Sortenzahl dürfte sogar noch größer gewesen sein, da viele der »Landsorten« damals nicht schriftlich dokumentiert wurden.

Viele dieser Sorten waren seinerzeit überregional verbreitet, andere nur lokal oder regional. Manche der in Deutschland entstandenen Sorten verbreiteten sich international und umgekehrt haben Sorten aus aller Welt den Weg zu uns gefunden. Auf diese Weise entstand ein »Sortenpool« von sehr vielfältiger Herkunft und großer genetischer Vielfalt, was Frucht- und Baumeigenschaften sowie Widerstandsfähigkeit gegen Krankheiten und Schädlinge betrifft.

Heute sind im modernen Erwerbsobstbau dagegen nur noch wenige Sorten im Anbau, und diese sind obendrein genetisch eng verwandt bzw. fast durchgängig aus denselben Elternsorten gezüchtet worden. Fast sämtliche der heutigen Marktsorten stammen von einer der fünf Ahnensorten *Golden Delicious, Jonathan* oder *Cox Orange, Red Delicious* und *McIntosh* ab (siehe beispielhafte Aufstellung unten). Einzig *Boskoop* und *Granny Smith* sind nicht mit diesen »Stammeltern« des modernen Obstbaus verwandt.

Abstammung wichtiger Apfelmarktsorten

Jonagold = *Jonathan x Golden Delicious*
Elstar = *Golden Delicious x Ingrid Marie (Cox Orange x unbekannt)*
Gala = *Kidds Orange (Red Delicious x Cox Orange) x Golden Delicious*
Braeburn (Nt 1952) = *Red Delicious x Sturmer Pippin*

Auf der Suche nach der perfekten Weltmarktsorte produziert die heutige Obstzüchtung zwar weltweit eine Vielzahl neuer Sorten. Doch da die Züchter*innen wiederum fast ausnahmslos die heutigen Marktsorten verwenden, nimmt die genetische Vielfalt weiter ab und die Inzucht in der Obstzüchtung dramatisch zu. Allein die Sorte *Golden Delicious* ist an rund 60 Prozent aller Apfelzüchtungen der vergangenen acht Jahrzehnte beteiligt und wurde in viele Sorten gleich mehrfach eingekreuzt. Der »genetische Flaschenhals«, der durch die Verwendung der immer selben Sorten in der Züchtung entsteht, bleibt jedoch nicht ohne Folgen.

Vitalitätsprobleme modernder Marktsorten und Pestizideinsatz im Erwerbsobstbau

Ausgerechnet die fünf Stammeltern des modernen Obstbaus sind – ungeachtet ihrer geschmacklichen und Ertragseigenschaften, die sie einst für den Obstbau attraktiv machten – hoch krankheitsanfällig. *Golden Delicious* z. B. ist hoch anfällig für Blatt- und Fruchtschorf sowie für Virosen, *Jonathan* ist extrem anfällig für Mehltau (außerdem für Feuerbrand und Schorf). *Cox Orange* wiederum ist hoch anfällig für Triebschorf, Obstbaumkrebs und Läuse sowie mittel anfällig für Mehltau und *McIntosh* deutlich anfällig für Schorf und Mehltau.

Mit dem Siegeszug von *Golden Delicious* & Co. wurden die gravierenden Vitalitätsprobleme und Krankheitsanfälligkeiten dieser Sorten in den gesamten Obstbau und in die Obstzüchtung in einem Ausmaß eingeschleppt, das heute von den Obstbauexpert*innen landauf, landab nicht mehr als spezifisch historische Entwicklung erkannt, sondern als »normal« für den Obstbau angesehen wird. Ein Obstbau ohne intensiven Fungizideinsatz erscheint in Fachkreisen heute völlig undenkbar.

Kaum noch bekannt ist, dass die Dominanz dieser »Stammelternsorten« im Obstbau bzw. in der Obstzüchtung überhaupt erst möglich wurde, als die chemische Industrie Pestizide auf den Markt brachte, mit deren Hilfe man trotz der hohen Krankheitsanfälligkeit dieser Sorten makelloses Obst produzieren konnte. Hoher Pestizideinsatz, Sortenwahl im Erwerbsanbau und Ziele der Züchtung bedingen sich also seit vielen Jahrzehnten gegenseitig. Diese Entwicklung steht in fundamentalem Widerspruch zu einem umweltverträglichen Obstbau sowie der Produktion von rückstandsfreiem, gesunden Obst.

Gleichzeitig sind mit dem Fokus auf wenige Marktsorten zahlreiche robuste und gut tragende Apfelsorten in Vergessenheit geraten und im Lauf der folgenden Jahrzehnte teilweise sogar verschollen.

Moderne Resistenzzüchtung: Hoffnung auf einzelne Gene statt Rückgriff auf vitale Pflanzen

In den letzten Jahrzehnten versuchten Züchter*innen weltweit, einen Ausweg aus der hohen Krankheitsanfälligkeit moderner Sorten zu finden. Hierbei griffen sie jedoch nicht auf robuste alte Sorten zurück, sondern fokussierten sich weltweit auf die Wildapfelart *Malus floribunda*, weil man dort inzwischen ein einzelnes Gen als »zuständig« für dessen Schorfresistenz identifiziert hatte. Also kreuzte man den Wildapfel erst mit dem »Schorfweltmeister« *Golden Delicious*, dann mit »Mehltauweltmeister« *Jonathan* und anschließend auch noch mit weiteren hoch krankheitsanfälligen Marktsorten, in dem Glauben, dass das »Schorfresistenz-Gen« des Wildapfels die Probleme schon lösen würde. Dies hat sich jedoch schon nach wenigen Jahren als Trugschluss erwiesen: Weil diese Resistenz nur monogen (auf einem Gen) verankert ist, ist es bei den so gezüchteten Apfelsorten (wie z. B. *Topaz*) schon nach wenigen Jahren zu heftigen Resistenzdurchbrüchen seitens sich anpassender Pilzrassen gekommen, sodass doch wieder Pestizide eingesetzt werden.

Alte Sorten – Gen-Pool für künftige Züchtungen ...

Viele alte Apfelsorten hingegen verfügen über eine sogenannte polygene Schorfresistenz, das heißt hier sorgen mehrere Gene im Zusammenspiel für die Widerstandsfähigkeit gegen Schorf. Diese Resistenzen haben sich bei manchen Sorten bereits über viele Jahrzehnte oder auch Jahrhunderte gehalten und sind offenbar weit stabiler als die monogenen Schorfresistenzen der heutigen Züchtungssorten.

Auch hat die Fokussierung der heutigen Obstzüchtung auf das Problem Schorfresistenz teilweise den Blick dafür verstellt, dass es im Obstanbau nicht nur um Schorf, sondern auch um Mehltau, Feuerbrand und andere Krankheiten geht und dass im ökologischen Anbau sowie im Streuobst- und Selbstversorgungsanbau eine umfassende Vitalität der Pflanze gegenüber Krankheiten, Schädlingen und Witterungseinflüssen anzustreben ist.

Die umfassende Vitalität vieler alter Sorten ist auch der Grund, warum man beispielsweise eine Sorte wie den *Luxemburger Triumph* auch in obstbaulich ungünstigen Lagen – etwa Höhenlagen, Regionen mit hohen Niederschlägen oder Tal- und Muldenlagen – pflanzen kann, wo die meisten anderen Apfelsorten versagen. Auch Sorten wie *Martens Sämling, Seestermüher Zitronenapfel, Edelborsdorfer, Rote Sternrenette, Brettacher, Finkenwerder Prinzenapfel, Jakob Fischer, Zabergäu-Renette* sowie viele Lokal- oder Regionalsorten verfügen über eine hohe Widerstandsfähigkeit gegen Krankheiten, mit der die Sorten des modernen Erwerbsobstbaus nicht ansatzweise mithalten können.

Dennoch ist der »Tunnelblick aufs Genom« in der Züchtung bis heute verbreitet und kulminiert in der Forderung, verstärkt gentechnische Verfahren in der Züchtung anzuwenden. Staatliche Forschungsgelder fließen zu nicht unerheblichen Teilen in die Gentechnik, von der man sich erhofft, den mühevollen Weg einer Kreuzungszüchtung durch genetische Manipulation der heutigen Marktsorten abzukürzen. Klassische Kreuzungszüchtung (noch dazu mit alten Sorten und deren noch wenig erforschten polygene Resistenzen) gilt dagegen als »altmodisch« und wird von staatlicher Seite kaum gefördert.

... und Basis für Selbstversorger*innen

Die alten Sorten sind nicht nur für die Züchtung interessant. Sie haben vor allem Bedeutung für den Streuobst- und Selbstversorgungsanbau. Haus- und Kleingärtner*innen wollen heute in aller Regel keinen chemischen Pflanzenschutz betreiben, sondern ungespritztes Obst ernten. Auch haben nicht jede Obstwiese und jeder Hausgarten den optimalen Boden und den klimatisch optimalen Standort. Robuste alte Sorten mit zuverlässigen Erträgen und schorffreien Früchten bringen hier mehr als eine zwar exzellent schmeckende, aber empfindliche Sorte, die am ungünstigen Standort nicht gedeiht.

Anders als im Erwerbsobstbau und Obstgroßhandel braucht es Selbstversorger*innen auch nicht stören, wenn eine Sorte etwas druckempfindlich ist oder wenn sie folgernd reift und der Baum mehrfach durchgepflückt werden muss. Im Gegenteil, die folgernde Reife kann hier sogar von Vorteil sein. Umgekehrt haben lang lagerbare Sorten wie der *Ontario* im Hausgarten trotz ihres nicht so überragenden Geschmacks einen höheren Stellenwert als im Erwerbsobstanbau, wo mit modernster Kühltechnik auch ein *Elstar* (der normalerweise nur bis Januar hält) bis in den Sommer hinein gelagert werden kann.

Vielfältige Nutzungsmöglichkeiten ...

Manche der alten Sorten waren einst gar nicht zum Frischverzehr gedacht, sondern dienten der Verarbeitung in der häuslichen Küche (Mus, Kuchen) oder der Herstellung von Fruchtsaft, Trockenobst, Obstbrand oder des etwa im Rheinland sehr beliebten Apfel- oder Birnenkrautes. Mit der Aufgabe solcher Verarbeitungstraditionen gehen nicht nur die dafür benötigten Sorten verloren, sondern mit ihnen meist auch das Wissen, warum diese Sorten für bestimmte Zwecke besonders geeignet waren. Wer weiß etwa noch, dass viele der kleinen »Hutzelbirnen«

(deren Bäume hin und wieder noch – meist unbeachtet – in der Landschaft zu finden sind) einst getrocknet und in den Wintermonaten als Süßigkeiten verzehrt wurden? Oder dass für die Herstellung von Apfelkuchen vor allem Sorten mit hohem Säureanteil gefragt waren, die beim Backen nicht zusammenfallen und nicht bräunen (wie z. B. *Glockenapfel, Boikenapfel* oder *Baumanns Renette*)?

... und Geschmacksrichtungen

Es ist keine Sinnestäuschung, wenn manche Apfelkonsument*innen meinen, die heute im Laden erhältlichen Sorten schmeckten »alle ähnlich« – denn die heutigen Marktsorten sind nicht nur genetisch eng verwandt, sondern infolgedessen auch geschmacklich ähnlich. Genetische Vielfalt alter Apfelsorten – das bedeutet auch mehr Vielfalt des Geschmacks.

Für eine Personengruppe schließlich kann die Vielfalt alter Apfelsorten auch heute schon von unmittelbarem Nutzen sein: Manche Apfelallergiker*innen sind völlig überrascht, wenn sie feststellen, dass sie die meisten der alten Apfelsorten ohne Probleme verzehren können und dass sich die vermeintliche Apfelallergie als Allergie gegenüber den heutigen (untereinander eng verwandten) Marktsorten entpuppt (s. tG 2021, KW 38).

Ausnahmen bestätigen die Regel

Gängigen Klischees (z. B. dass »die« alten Apfelsorten generell als Pflanze robuster oder als Frucht gesünder seien als »die« neuen Sorten) soll damit keineswegs Vorschub geleistet werden. Denn mitnichten sind *alle* alten Sorten robust gegenüber Pilzkrankheiten. Leider gehören gerade die namentlich noch relativ bekannten alten Apfelsorten (wie z. B. *Goldparmäne, Berlepsch* oder *Cox Orange*) eher zu den empfindlichen und anspruchsvollen Sorten, während auf der anderen Seite viele sehr robuste Sorten heute kaum noch bekannt und populär sind.

Die Apfelzüchter aus der Zeit zwischen 1870 und 1930 haben noch nach dem Prinzip gehandelt, eine extrem gut schmeckende, aber empfindliche Sorte (wie z. B. *Cox Orange*) immer mit einem robusten Massenträger zu kreuzen. Dabei kamen dann Züchtungssorten wie z. B. *Holsteiner Cox, Alkmene* oder *Discovery* heraus, die nicht nur gut schmecken, sondern deren Toleranz gegenüber Blatt- und Fruchtkrankheiten (anders als beim *Topaz*) bis heute gehalten hat, also ausgesprochen nachhaltig erfolgreich war. Ein Züchtungsprinzip, das auch die ökologische Züchtungsinitiative apfel:gut e.V. heute wieder aufgreift (s. S. 156).

Alte Obstsorten wertschätzen und erhalten

Die hier aufgeführten Beispiele zeigen, dass es viele Gründe gibt, die genetische Vielfalt alter Obstsorten zu erhalten. »Niemand kann heute vorhersagen, welche Eigenschaften plötzlich von Interesse sein können, wenn Schädlingskalamitäten auftreten, Klimaveränderungen zu verändertem Auftreten von Schadorganismen führen, die Ernährungsgewohnheiten sich ändern oder Ähnliches« (Fischer 2003). »Eigenschaften, welche uns heute wertlos erscheinen mögen, können in Zukunft bei geänderten Sortenanforderungen plötzlich wieder an Bedeutung gewinnen« (Ruess 2000).

Wir können uns glücklich schätzen, dass zahlreiche alte Sorten aufgrund der Langlebigkeit der Hochstamm-Obstbäume bis heute in Streuobstbeständen überdauert haben. Dieses Kulturgut gilt es zu erhalten, auch dann, wenn nicht jede der Sorten uns heute kurzfristigen Nutzen zu versprechen scheint.

Zum Weiterlesen:

Bannier, H.-J. (2010): Moderne Apfelzüchtung: Genetische Verarmung und Tendenzen zur Inzucht, in: Erwerbsobstbau 2010.

Fischer, M. (2003): Genbank Obst – Bilanz 10-jähriger Arbeit, in: Jahresheft 2003 des Pomologen-Vereins e.V.

Ruess, F. (2000): Nutzen und Wert alter Obstsorten. In: Hartmann, W.: Farbatlas Alte Obstsorten. Ulmer Verlag.

Lesetipps für die Apfelvielfalt im Garten: Kompaktes Wissen zu Sortenwahl, Pflanzung und Pflege von Obstbäumen

Vom Autor dieses Artikels gibt es eine von der Stiftung für die Natur Ravensberg herausgegebene Broschüre, in der praxisnah alle Fragen rund um Sortenwahl, Pflanzung und Pflege von Obstbäumen behandelt werden: Unter dem Titel »Alte Obstsorten – neu entdeckt für Westfalen und Lippe« regional konzipiert, können die Inhalte in weiten Teilen auch über die Region hinaus Anwendung finden. Die Broschüre ist günstig erhältlich über die Biologische Station Ravensberg, Tel. 05223-78250, info@bshf.de.

Obstbaumschnitt – kompakt zusammengefasst

Eine kurze und kompakte Schnittanleitung für Obstbäume in Garten und Landschaft ist zu finden unter
www.nabu.de/natur-und-landschaft/landnutzung/streuobst/pflege/04617.html

Robuste Apfelsorten für Hausgarten und Obstwiese
Tipps von Hans-Joachim Bannier

Sommersorten (Pflückreife August):
Helios (A 8 bis E 8) (G)
Discovery (M 8 bis M 9) (G)
Westfälischer Frühapfel (M 8 bis M 9) (S)
Jakob Fischer (E 8 bis M 9) (S)
James Grieve (E 8 bis E 9) (G)

Frühherbstsorten (Pflückreife September):
Biesterfelder Renette (A 9 bis M 10) (S, G)
Martens Sämling (M 9 bis M 10) (S, G)
Teser (M/E 9 bis M 11) (G)
Alkmene (M 9 bis E 11) (G)
Graue Herbstrenette (E 9 bis A 12) (S, G)
Rote Sternrenette (E 9 bis M 12) (S)
Luxemburger Triumph (E 9 bis A 12) (S)

Spätherbst-/Frühwintersorten (Pflückreife Anfang Oktober):
Holsteiner Cox (A 10 bis M 1) (G, S)
Finkenwerder Prinzenapfel (A 10 bis M 1) (G, S)
Strauwalds Parmäne (A/M 10 bis 2)
Krügers Dickstiel (A 10 bis 1)

Dauerlagersorten (Pflückreife Mitte bis Ende Oktober)
Glockenapfel (M 10 bis 5/6) (G, S), nur gut durchlüftete Standorte
Melrose (E 10 bis 5/6) (G, S), nur gut durchlüftete Standorte
Ontario (E 10/A 11 bis 5/6) (G, S)
Wöbers Rambur (A/M 10) (S)

Legende:
S = eher starkwachsend, für die Obstwiese geeignet; G = eher schwächer wachsend, für Haus- und Kleingarten
Die Zahlen bezeichnen die Monate, in denen die Sorte gepflückt werden muss, sowie bis wann die Früchte haltbar sind (A = Anfang, M = Mitte, E = Ende des jeweiligen Monats).

Nicht alle dieser Sorten sind jederzeit in Baumschulen erhältlich. Weitere Infos in KW 52.

Ferientermine

	Schuljahr 2022/23						Schuljahr 2023/24
	Weihnachten	Winter	Ostern	Pfingsten	Sommer	Herbst	Weihnachten
BW	21.12.–07.01.		06.04.+11.04.–15.04.	30.05.–09.06.	27.07.–09.09.	30.10.–03.11.	23.12.–05.01.
BY	24.12.–07.01.	20.02.–24.02.	03.04.–15.04.	30.05.–09.06.	31.07.–11.09.	30.10.–03.11.+22.11.*	23.12.–05.01.
BE	22.12.–02.01.	30.01.–04.02.	03.04.–14.04.	19.5.+30.05.	13.07.–25.08.	02.10.+23.10.–04.11.	23.12.–05.01.
BB	22.12.–03.01.	30.01.–03.02.	03.04.–14.04.	**	13.07.–26.08.	23.10.–04.11.	23.12.–05.01.
HB	23.12.–06.01.	30.01.–31.01.	27.03.–11.04.	19.05.+30.05.	06.07.–16.08.	02.10.+16.10.–30.10.	23.12.–05.01.
HH	23.12.–06.01.	27.01.	06.03.–17.03.	15.05.–19.05.	13.07.–23.08.	02.10.+16.10.–27.10.	22.12.–05.01.
HE	22.12.–07.01.		03.04.–22.04.		24.07.–01.09.	23.10.–28.10.	27.12.–13.01.
MV	22.12.–02.01.	06.02.–18.02.	03.04.–12.04.	19.05.+26.05.–30.05.	17.07.–26.08.	09.10.–14.10.+30.10.+01.11.	21.12.–03.01.
NI	23.12.–06.01.	30.01.–31.01.	27.03.–11.04.	19.05.+30.05.	06.07.–16.08.	02.10.+16.10.–30.10.	27.12.–05.01.
NW	23.12.–06.01.		03.04.–15.04.	30.05.	22.06.–04.08.	02.10.–14.10.	21.12.–05.01.
RP	23.12.–02.01.		03.04.–06.04.	30.05.–07.06.	24.07.–01.09.	16.10.–27.10.	27.12.–05.01.
SL	22.12.–04.01.	20.02.–24.02.	03.04.–12.04.	30.05.–02.06.	24.07.–01.09.	23.10.–03.11.	21.12.–02.01.
SN	22.12.–02.01.	13.02.–24.02.	07.04.–15.04.	19.05.	10.07.–18.08.	02.10.–14.10.+30.10.	23.12.–02.01.
ST	21.12.–05.01.	06.02.–11.02.	03.04.–08.04.	15.05.–19.05.	06.07.–16.08.	02.10.+16.10.–30.10.	21.12.–03.01.
SH	23.12.–07.01.		06.04.–22.04.	19.05.–20.05.	17.07.–26.08.***	16.10.–27.10.***	27.12.–06.01.
TH	22.12.–03.01.	13.02.–17.02.	03.04.–15.04.	19.05.	10.07.–19.08.	02.10.–14.10.	22.12.–05.01.

* Nur für Schüler*innen
** In Brandenburg sind der 19.5. und der 2.10. variable Feiertage, sofern die Schulkonferenz nichts anderes beschlossen hat.
*** Sylt, Föhr, Amrum, Helgoland und Halligen: 17.7.–19.8. bzw. 9.10.–27.10.

Januar 2023

	Tag	Datum	Anmerkung
	So	**01**	Neujahr
1	Mo	02	
	Di	03	
	Mi	04	
	Do	05	
	Fr	06	Heilige Drei Könige (BW, BY, ST)
	Sa	07	
	So	**08**	
2	Mo	09	
	Di	10	
	Mi	11	
	Do	12	
	Fr	13	
	Sa	14	
	So	**15**	
3	Mo	16	
	Di	17	
	Mi	18	
	Do	19	
	Fr	20	
	Sa	21	
	So	**22**	
4	Mo	23	
	Di	24	
	Mi	25	
	Do	26	
	Fr	27	
	Sa	28	
	So	**29**	
5	Mo	30	
	Di	31	

Februar 2023

	Tag	Datum	Anmerkung
	Mi	01	
	Do	02	
	Fr	03	
	Sa	04	
	So	**05**	
6	Mo	06	
	Di	07	
	Mi	08	
	Do	09	
	Fr	10	
	Sa	11	
	So	**12**	
7	Mo	13	
	Di	14	
	Mi	15	
	Do	16	
	Fr	17	
	Sa	18	
	So	**19**	
8	Mo	20	Rosenmontag
	Di	21	
	Mi	22	
	Do	23	
	Fr	24	
	Sa	25	
	So	**26**	
9	Mo	27	
	Di	28	

März 2023

	Mi	01	
	Do	02	
	Fr	03	
	Sa	04	
	So	**05**	
10	Mo	06	
	Di	07	
	Mi	08	Internationaler Frauentag (BE)
	Do	09	
	Fr	10	
	Sa	11	
	So	**12**	
11	Mo	13	
	Di	14	
	Mi	15	
	Do	16	
	Fr	17	
	Sa	18	
	So	**19**	
12	Mo	20	Frühlingsanfang
	Di	21	
	Mi	22	
	Do	23	
	Fr	24	
	Sa	25	
	So	**26**	Sommerzeitbeginn
13	Mo	27	
	Di	28	
	Mi	29	
	Do	30	
	Fr	31	

April 2023

	Sa	01	
	So	**02**	
14	Mo	03	
	Di	04	
	Mi	05	
	Do	06	
	Fr	**07**	Karfreitag
	Sa	08	
	So	**09**	Ostersonntag
15	**Mo**	**10**	Ostermontag
	Di	11	
	Mi	12	
	Do	13	
	Fr	14	
	Sa	15	
	So	**16**	
16	Mo	17	
	Di	18	
	Mi	19	
	Do	20	
	Fr	21	
	Sa	22	
	So	**23**	
17	Mo	24	
	Di	25	
	Mi	26	
	Do	27	
	Fr	28	
	Sa	29	
	So	**30**	

Mai 2023

	Mo	01	Tag der Arbeit
18	Di	02	
	Mi	03	
	Do	04	
	Fr	05	
	Sa	06	
	So	**07**	
19	Mo	08	
	Di	09	
	Mi	10	
	Do	11	
	Fr	12	
	Sa	13	
	So	**14**	
20	Mo	15	
	Di	16	
	Mi	17	
	Do	18	Christi Himmelfahrt
	Fr	19	
	Sa	20	
	So	**21**	
21	Mo	22	
	Di	23	
	Mi	24	
	Do	25	
	Fr	26	
	Sa	27	
	So	**28**	Pfingstsonntag
22	**Mo**	**29**	Pfingstmontag
	Di	30	
	Mi	31	

Juni 2023

	Do	01	
	Fr	02	
	Sa	03	
	So	**04**	
23	Mo	05	
	Di	06	
	Mi	07	
	Do	08	Fronleichnam (BW, BY, HE, NW, RP, SL)
	Fr	09	
	Sa	10	
	So	**11**	
24	Mo	12	
	Di	13	
	Mi	14	
	Do	15	
	Fr	16	
	Sa	17	
	So	**18**	
25	Mo	19	
	Di	20	
	Mi	21	Sommeranfang
	Do	22	
	Fr	23	
	Sa	24	
	So	**25**	
26	Mo	26	
	Di	27	
	Mi	28	
	Do	29	
	Fr	30	

Juli 2023

	Sa	01
	So	**02**
27	Mo	03
	Di	04
	Mi	05
	Do	06
	Fr	07
	Sa	08
	So	**09**
28	Mo	10
	Di	11
	Mi	12
	Do	13
	Fr	14
	Sa	15
	So	**16**
29	Mo	17
	Di	18
	Mi	19
	Do	20
	Fr	21
	Sa	22
	So	**23**
30	Mo	24
	Di	25
	Mi	26
	Do	27
	Fr	28
	Sa	29
	So	**30**
31	Mo	31

August 2023

	Di	01	
	Mi	02	
	Do	03	
	Fr	04	
	Sa	05	
	So	**06**	
32	Mo	**07**	
	Di	08	
	Mi	09	
	Do	10	
	Fr	11	
	Sa	12	
	So	**13**	
33	Mo	**14**	
	Di	15	Mariä Himmelfahrt (BY, SL)
	Mi	16	
	Do	17	
	Fr	18	
	Sa	19	
	So	**20**	
34	Mo	**21**	
	Di	22	
	Mi	23	
	Do	24	
	Fr	25	
	Sa	26	
	So	**27**	
35	Mo	**28**	
	Di	29	
	Mi	30	
	Do	31	

September 2023

	Fr	01	
	Sa	02	
	So	**03**	
36	Mo	04	
	Di	05	
	Mi	06	
	Do	07	
	Fr	08	
	Sa	09	
	So	**10**	
37	Mo	11	
	Di	12	
	Mi	13	
	Do	14	
	Fr	15	
	Sa	16	
	So	**17**	
38	Mo	18	
	Di	19	
	Mi	20	Weltkindertag (TH)
	Do	21	
	Fr	22	
	Sa	23	Herbstanfang
	So	**24**	
39	Mo	25	
	Di	26	
	Mi	27	
	Do	28	
	Fr	29	
	Sa	30	

Oktober 2023

	So	**01**	
40	Mo	02	
	Di	**03**	Tag der Deutschen Einheit
	Mi	04	
	Do	05	
	Fr	06	
	Sa	07	
	So	**08**	
41	Mo	09	
	Di	10	
	Mi	11	
	Do	12	
	Fr	13	
	Sa	14	
	So	**15**	
42	Mo	16	
	Di	17	
	Mi	18	
	Do	19	
	Fr	20	
	Sa	21	
	So	**22**	
43	Mo	23	
	Di	24	
	Mi	25	
	Do	26	
	Fr	27	
	Sa	28	
	So	**29**	Sommerzeitende
44	Mo	30	
	Di	31	Reformationstag (BB, HB, HH, NI, MV, SN, ST, TH, SH)

November 2023

	Mi	01	Allerheiligen (BW, BY, NW, RP, SL)
	Do	02	
	Fr	03	
	Sa	04	
	So	**05**	
45	Mo	06	
	Di	07	
	Mi	08	
	Do	09	
	Fr	10	
	Sa	11	
	So	**12**	
46	Mo	13	
	Di	14	
	Mi	15	
	Do	16	
	Fr	17	
	Sa	18	
	So	**19**	
47	Mo	20	
	Di	21	
	Mi	22	Buß- und Bettag (SN)
	Do	23	
	Fr	24	
	Sa	25	
	So	**26**	
48	Mo	27	
	Di	28	
	Mi	29	
	Do	30	

Dezember 2023

	Fr	01	
	Sa	02	
	So	**03**	1. Advent
49	Mo	04	
	Di	05	
	Mi	06	
	Do	07	
	Fr	08	
	Sa	09	
	So	**10**	2. Advent
50	Mo	11	
	Di	12	
	Mi	13	
	Do	14	
	Fr	15	
	Sa	16	
	So	**17**	3. Advent
51	Mo	18	
	Di	19	
	Mi	20	
	Do	21	
	Fr	22	Winteranfang
	Sa	23	
	So	**24**	4. Advent / Heiligabend
52	**Mo**	**25**	1. Weihnachtsfeiertag
	Di	**26**	2. Weihnachtsfeiertag
	Mi	27	
	Do	28	
	Fr	29	
	Sa	30	
	So	**31**	Silvester

KW 49

So funktioniert der Kalenderteil

Auf der rechten Seite habt ihr Platz für eure persönlichen Termine.
Die linke Seite haben wir für euch vollgepackt mit spannenden Infos rund ums Gärtnern, zur Obstvielfalt und daran angrenzende Themen. Die wöchentliche Anbauplanung unterstützt euch dabei, auch in einem kleinen Garten viel zu ernten. Außerdem findet ihr hier:

Gedanken zu politischen und gesellschaftlichen Kontexten ...
... in denen wir gärtnern, essen und leben.

Saisonale Rezeptideen ...
... um eure Obst- und Gemüseernte zu verarbeiten und zu genießen.

Leseempfehlungen und Hintergrundinfos ...
... für spannende Bücher und Internetseiten, die uns bewegen und begeistern.

Was wir uns bei der wöchentlichen Anbautabelle gedacht haben und was es mit all den Zahlen und Abkürzungen auf sich hat, wird in den Kapiteln »Gärtnern mit dem taschenGARTEN« ab S. 6 und »Fragen an ein Samenkorn« ab S. 168 sowie in der Legende auf S. 174 genau erklärt.

Dezember 2022

Montag
5

Dienstag
6

Mittwoch
7

○ Donnerstag
8

Freitag
9

Samstag
10

3. Advent

Sonntag
11

KW 50

Übersicht Miniinfos nach Kalenderwochen

KW 1	Vielfalt ja – aber nicht um jeden Preis!
KW 2	Rezept: Grünkohl-Lasagne
KW 3	Wann mit der Anzucht beginnen?
KW 4	Praxistipps für den Obstgarten
KW 5	Anzucht als enge Direktsaat
KW 6	Beete für Aussaaten und Pflanzungen vorbereiten
KW 7	Minitunnel aus Federstahlbögen und Vlies
KW 8	Direktsaaten gründlich vorbereiten
KW 9	Praxistipps für den Obstgarten
KW 10	Los geht's!
KW 11	Die richtigen Abstände bei Pflanzungen und Direktsaaten
KW 12	Aprikosen aus dem eigenen Garten?
KW 13	Warum werden Obstbäume veredelt?
KW 14	Kohlanbau
KW 15	Ackerschachtelhalmtee zur Pflanzenstärkung
KW 16	Lesetipp: Praxishandbuch Bodenfruchtbarkeit
KW 17	Möhren im richtigen Abstand: Saatband oder Handsämaschine
KW 18	Obst im Porträt: Rhabarber
KW 19	Praxistipps für den Obstgarten
KW 20	Obst im Porträt: Quitten

Dezember 2022

Montag
12

Dienstag
13

Mittwoch
14

Donnerstag
15

☽ Freitag
16

Samstag
17

4. Advent

Sonntag
18

KW 51

Übersicht Miniinfos nach Kalenderwochen

KW 21	Tomaten & Co. zwischen die Salate pflanzen
KW 22	Pflanzung in Ackerbohnenmulch
KW 23	Praxistipps für den Obstgarten
KW 24	Mehrfachbelegung der Beete
KW 25	Lesetipp: Von Böden die klingen und Pflanzen die tanzen
KW 26	Rezept: Kapuzinerkresse-Pesto
KW 27	Praxistipps für den Obstgarten
KW 28	Mulch für schönen Fenchel und Blumenkohl
KW 29	Achtung Krautfäule!
KW 30	Obst im Porträt: Renekloden
KW 31	Leckerer Apfel?! Geschmack ist kulturell gemacht
KW 32	Praxistipps für den Obstgarten
KW 33	Wasseraufnahme und -speicherung
KW 34	Erdbeeren
KW 35	Pflanzentriebe köpfen
KW 36	Beerenobst für jeden Garten
KW 37	Vorbereitung Untersaat/-pflanzung für KW 38
KW 38	Ab in die letzte Runde
KW 39	Welche Obstsorte ist die richtige?
KW 40	Praxistipps für den Obstgarten

Dezember 2022

Montag
19

Dienstag
20

● Winteranfang, Wintersonnenwende

Mittwoch
21

Donnerstag
22

Freitag
23

Heiligabend

Samstag
24

1. Weihnachtsfeiertag

Sonntag
25

KW 52

Übersicht Miniinfos nach Kalenderwochen

KW 41 Gemüsebeete winterfest machen
KW 42 Obst auf dem Balkon
KW 43 Himbeeren für Sommer und Herbst
KW 44 Praxistipps für den Obstgarten
KW 45 Wildes Obst
KW 46 Pfirsich & Co. mögen keine Temperaturschwankungen im Winter
KW 47 Warum es im Supermarkt kaum Birnen zu kaufen gibt
KW 48 Was macht der Pomologen-Verein?
KW 49 Obstbäume vor Wühlmäusen schützen
KW 50 Wozu ist es wichtig, alte Obstsorten zu bestimmen?
KW 51 Lesetipp: Handbuch Bio-Obst. Sortenvielfalt erhalten. Ertragreich ernten. Natürlich genießen.
KW 52 Wo kann ich einen Obstbaum kaufen?

Dezember 2022/Januar 2023

2. Weihnachtsfeiertag — Montag **26**

Dienstag **27**

Mittwoch **28**

Donnerstag **29**

☽ — Freitag **30**

Silvester — Samstag **31**

Neujahr — Sonntag **1**

KW 1

Vielfalt ja – aber nicht um jeden Preis!

Der Begriff »Vielfalt« ist sehr positiv besetzt. Wir wünschen uns vielfältige Gärten, staunen über die Vielfalt in der Tierwelt und stehen ein für eine bunte und vielfältige Gesellschaft. Doch ist Vielfalt immer und grundsätzlich gut?

Diese Frage müssen wir uns stellen, wenn wir beispielsweise mit rechten Positionen konfrontiert werden. Sind diese etwa zu begrüßen, weil Argumentationsvielfalt etwas Positives ist? Nein, auf keinen Fall! Rechte Ideologie ist menschenfeindlich und steht nicht für Offenheit, sondern für Aus- und Abgrenzung. Die bunte Gesellschaft hört da auf, wo sie braun wird, wo Menschen beispielsweise aufgrund ihres Geschlechts, ihrer Hautfarbe, Herkunft oder sexuellen Identität erniedrigt und strukturell benachteiligt werden.

Auch wenn wir über gentechnisch veränderte Pflanzen nachdenken, sollten wir über den Begriff »Vielfalt« stolpern. Auch diese, so könnte man argumentieren, bereichern die Vielfalt auf den Äckern. Doch sie können sich mit anderen Pflanzen verkreuzen, sodass zukünftig ein gentechnikfreier, ökologischer und damit tatsächlich vielfältiger Anbau nicht mehr möglich wäre.

Wir sollten also lieber nicht in die »Vielfalts-Falle« tappen und stattdessen trotz aller positiven Assoziationen differenziert hinschauen, wenn es um Vielfalt geht.

Januar 2023

Montag
2

Dienstag
3

Mittwoch
4

Donnerstag
5

Heilige Drei Könige (BW, BY, ST) Freitag
6

○ Samstag
7

Sonntag
8

KW 2

Rezept: Grünkohl-Lasagne
von Dorothee Barth

500 g Grünkohl in Streifen schneiden und in Öl anbraten, dann etwas Wasser dazugeben und dünsten, bis er gar ist.

Eine Tomatensoße aus 1 Zwiebel, 2 Knoblauchzehen, 400 g Tomaten (oder Tomatenstücke aus dem Glas), Salz, Pfeffer, Thymian und geriebener Schale von einer unbehandelten Zitrone kochen.

Eine Béchamelsoße aus 30 g Butter, 40 g Mehl, 500 ml Milch, Salz, Pfeffer und Muskat zubereiten.

Im Anschluss Béchamelsoße, Grünkohl, Tomatensoße und Lasagneplatten schichten. Auf die letzte Schicht Lasagneplatten Béchamelsoße und geriebenen Parmesan geben.

Bei 200 °C 30–40 Minuten backen.

Tipp: Schmeckt auch mit gebratenem Radicchio statt Grünkohl.

Januar 2023

Montag
9

Dienstag
10

Mittwoch
11

Donnerstag
12

Freitag
13

Samstag
14

Sonntag
15

KW 3

Wann mit der Anzucht beginnen?

Bei der Anbauplanung hier im taschenGARTEN werden die meisten Beete im Garten mehrfach mit Gemüse belegt. Damit das möglich ist, müssen die ersten Sätze (S. 172) früh im Jahr gesät oder gepflanzt werden. Besonders die Anzucht hierfür erfordert gute Bedingungen, damit die Pflanzen gesund und rechtzeitig groß genug sind. Nur so sind sie auch zum vorgesehenen Zeitpunkt erntereif und können Platz für die nächsten Sätze machen.

Für eine erfolgreiche Anzucht müssen eure Pflänzchen genügend Licht bekommen, und die Temperatur sollte passend sein. Die ersten Salate, Kohlpflanzen und Lauch können z. B. in ein kühles helles Treppenhaus oder ein ungeheiztes Schlafzimmer (10–15 °C) mit Ausrichtung nach Süden gestellt werden. Grundsätzlich gilt: Je mehr Licht vorhanden ist, desto höher darf auch die Temperatur sein. Da die Tage jetzt noch so kurz sind und es selbst an einem Südfenster verhältnismäßig wenig Licht gibt, sollten die Pflanzen nicht auf einer Heizung stehen. Ist es zu warm und zu dunkel, vergeilen die Pflanzen. Das heißt, sie recken sich in Richtung Licht, haben kaum Stabilität und sind sehr anfällig für Krankheiten. Erst die wärmeliebenden Tomaten, Paprika und Auberginen vertragen höhere Temperaturen. Falls eure Anzuchtbedingungen nicht ganz so optimal sind, macht es Sinn, die Jungpflanzen für die ersten Sätze zu kaufen oder einfach erst später einzusteigen.

Übrigens: Die in unseren Anbautabellen unter »Menge« angegebenen Stückzahlen bei der Anzucht sind immer etwas höher als später bei der Pflanzung. So habt ihr etwas Puffer, falls nicht alle Pflänzchen gut wachsen, und könnt die Schönsten zum Pflanzen aussuchen.

Gartenideen für diese Woche

Anzucht	Art	Satz	Wie	Wo	Pflanzung in KW	Menge
	(Sommer-)Porree	1		AS/FB	15	50
	Nur bei guten Anzuchtbedingungen – ansonsten Jungpflanzen kaufen.					

Januar 2023

Montag
16

Dienstag
17

Mittwoch
18

Donnerstag
19

Freitag
20

Samstag
21

Sonntag
22

KW 4

Praxistipps für den Obstgarten

Jetzt ist eine gute Zeit für den Winterschnitt an Apfel- und Birnbäumen. Abgestorbene Äste sowie kranke, eingetrocknete Früchte solltet ihr mit entfernen. Gesundes Schnittholz könnt ihr zerkleinert als Mulch für Beerensträucher verwenden. Auch Johannis- und Stachelbeersträucher können jetzt ausgelichtet werden.

Der Winter eignet sich zudem gut dafür, Unterstützungsgerüste, Baumpfähle und Anbindungen zu kontrollieren und zu erneuern bzw. zu lockern. Auch könnt ihr jetzt Greifvogel-Sitzstangen aufstellen, Nistkästen bauen und schon vorhandene säubern, denn eine Vielfalt an Vögeln im Obstgarten hilft dabei, Schädlinge zu reduzieren und damit die Bäume gesund zu halten.

Gartenideen für diese Woche

Anzucht	Art	Satz	Wie	Wo	Pflanzung in KW	Menge
	Salat	1		MT	10	24
	Fenchel	1		MT	10	18
	Nur bei guten Anzuchtbedingungen – ansonsten Jungpflanzen kaufen oder später säen.					
	Petersilie	1		MT	10	3
	Nur bei guten Anzuchtbedingungen – sonst Jungpflanzen kaufen. Vor allem, wenn ihr wenige Pflanzen setzen wollt, lohnt es sich nicht, sie selbst vorzuziehen.					
	Schnittlauch	1		MT	10 Korn/Topf	2
	Falls ihr nur eine / wenige Pflanzen braucht, ist es eventuell einfacher, Schnittlauch im Topf zu kaufen und auszupflanzen.					
	Kohlrabi	1		MT	10	18
	Kopfkohl *(Spitzkohl)*	1		MT/FB	10	7
	Wirsing	1		MT/FB	10	7
	Blumenkohl	1		MT/FB	10	8
	Brokkoli	1		MT/FB	10	8

Januar 2023

Montag
23

Dienstag
24

Mittwoch
25

Donnerstag
26

Freitag
27

Samstag
28

Sonntag
29

KW 5

Anzucht als enge Direktsaat

Neben der Anzucht von Gemüsejungpflanzen in Multitopfplatten (S. 174) empfehlen wir vor allem bei Kohl und Lauch enge Direktsaaten: Die Samen werden eng gesät und, sobald sich die Jungpflanzen entwickelt haben, auf den endgültigen Pflanzabstand auseinander gesetzt. Die Direktsaat kann je nach Jahreszeit und je nachdem, was ihr zur Verfügung habt, im Gewächshausboden, in einem (mistbeheizten) Frühbeet (wenn es noch kalt ist) oder direkt im Freiland (sobald es warm wird) gemacht werden. Diese Art der Anzucht bietet sich an, weil

- nur eine kleine Fläche gejätet werden muss – im Unterschied zu Aussaaten, die gleich im endgültigen Abstand gemacht werden,
- vor dem Pflanzen die schönsten Kandidaten ausgesucht werden können,
- schlechte Keimfähigkeiten nicht so sehr stören wie bei Aussaaten im endgültigen Abstand, wo es Lücken gäbe,
- die Anzucht wenig Platz braucht,
- die Erde nicht so schnell austrocknet wie in Multitopfplatten und somit weniger Gießaufwand entsteht.

Vor allem im Sommer können auf diese Weise viele Pflanzen vorgezogen werden – Voraussetzung dafür ist, dass ihr die Schnecken fernhalten könnt. In der wöchentlichen Anbautabelle empfehlen wir eine Anzucht als Direktsaat im Frühbeet (FB) oder Freiland (FL).

Gartenideen für diese Woche

Anzucht	Art	Satz	Wie	Wo	Pflanzung in KW	Menge
	Spinat	1		MT 3 Korn/Topf	10	77 (1 MT-Platte)
	Rucola	1		MT 5 Korn/Topf	10	22

Januar/Februar 2023

Montag
30

Dienstag
31

Mittwoch
1

Donnerstag
2

Freitag
3

Samstag
4

Sonntag
5

KW 6

Beete für Aussaaten und Pflanzungen vorbereiten

Das klingt nach Spaten und Umgraben – aber halt! Durch diese starken mechanischen Eingriffe werden Bodenleben und Bodengefüge massiv gestört. Besser ist es deshalb, wenn ihr eure Beete mit so wenig Erdbewegung wie möglich vorbereitet.

Für die ersten Sätze ist es ideal, wenn bereits im Herbst aller Bewuchs entfernt und der Boden über den Winter mit einer Mulchschicht oder Mulchfolie abgedeckt wurde. Diese kann Anfang März einfach runtergenommen werden. Dann könnt ihr oberflächlich Kompost verteilen, und los geht's!

Für alle späteren Sätze ist es schön, wenn über den Winter eine abfrierende Gründüngung auf den Beeten gewachsen ist. Denn nichts lockert einen Boden besser als ein dichtes Wurzelgeflecht. Wichtig ist, dass die Wurzeln im Boden verbleiben (S. 8). Schneidet Pflanzenreste bei der Beetvorbereitung einfach direkt unter der Erdoberfläche ab – evtl. könnt ihr sie auch als Mulchmaterial liegen lassen (KW 28). Die Wurzeln verrotten und hinterlassen Humus und Hohlräume. Nur Quecken, Brennnesseln und andere Wurzelunkräuter sollten ganz entfernt werden.

Ihr habt all das im letzten Herbst nicht vorbereitet?

Kein Problem: Entfernt den Bewuchs mit einem scharfen Messer oder einer Pendelhacke. Falls euer Boden schon abgetrocknet und verdichtet ist, könnt ihr auch vorsichtig mit einer Grabgabel oder Grelinette lockern (tG 2021, KW 22). Im Herbst erinnern wir euch dann nochmal daran, was ihr schon in diesem Jahr tun könnt, damit der Start in 2024 leichter fällt.

Gartenideen für diese Woche

Anzucht	Art	Satz	Wie	Wo	Pflanzung in KW	Menge
	Ackerbohnen		Breitsaat	A3+4, D6+7		4 m²

Februar 2023

Montag
6

Dienstag
7

Mittwoch
8

Donnerstag
9

Freitag
10

Samstag
11

Sonntag
12

KW 7

Minitunnel aus Federstahlbögen und Vlies

Ein Minitunnel ist fast wie ein kleines mobiles Gewächshaus. Er ermöglicht uns, besonders im Frühling und Herbst früher bzw. länger Gemüse zu ernten. Und auch als Schutz für die Überwinterung bieten sich Minitunnel an.

Um einen 1 m breiten Tunnel zu bauen, braucht ihr etwa 2 m lange Stangen, beispielsweise aus Federstahl. Diese federn nach Benutzung wieder in ihre ursprüngliche Form zurück und lassen sich so leicht lagern. Es gehen aber auch andere Metallstangen oder biegsame Äste. Wichtig ist nur, dass das Material glatt ist, ansonsten geht euer Vlies leicht kaputt. Die Stangen werden im Abstand von 1,5 m über das Beet gesteckt und dann mit einem Vlies bedeckt. Das Vlies kann mit Sandsäcken und Schnur befestigt werden.

Ihr könnt eure Pflanzen auch direkt mit einem Vlies abdecken. Allerdings ist die Belüftung nicht so gut wie im Minitunnel, und das Vlies friert manchmal an den Pflanzen fest, was die Ernte bei niedrigen Temperaturen erschwert.

Solange die Nächte kalt sind, sollten alle Pflanzungen und Aussaaten abgedeckt werden.

Februar 2023

Montag
13

Dienstag
14

Mittwoch
15

Donnerstag
16

Freitag
17

Samstag
18

Sonntag
19

KW 8

Direktsaaten gründlich vorbereiten

Vor allem bei Wurzelgemüse ist es wichtig, dass eure Beetoberfläche relativ frei von Unkrautsamen ist – sonst müsst ihr später viel jäten. Idealerweise kann das Unkraut einmal keimen, bevor Möhren oder andere Wurzeln gesät werden. Bei der Beetvorbereitung wird es dann einfach oberflächlich weggehackt oder mit einer Folie zum Absterben gebracht. Das kann im vergangenen Herbst oder bei späten Sätzen auch im Frühling sein. Falls ihr noch kein Beet gezielt vorbereitet habt und eine frühe Aussaat plant, solltet ihr lieber einen Standort wählen, der relativ unkrautfrei ist.

Gartenideen für diese Woche

Anzucht	Art	Satz	Wie	Wo	Pflanzung in KW	Menge
	Sellerie	1		MT	16	12
	Nur bei guten Anzuchtbedingungen – sonst Jungpflanzen kaufen!					
	Paprika	1		AS	21	6
	Peperoni	1		AS	21	2
	Aubergine	1		AS	21	5

Plant die Gewächshausbepflanzung: Die angegebenen Aussaatmengen beziehen sich auf den Gewächshausplan auf der hinteren Buchklappe. Dort seht ihr, wie wir das Gewächshaus aufgeteilt haben. Falls ihr z. B. mehr Paprika und weniger Tomaten anbauen wollt als von uns vorgeschlagen, könnt ihr das jetzt bei der Anzucht berücksichtigen.

Februar 2023

● Rosenmontag

Montag
20

Dienstag
21

Mittwoch
22

Donnerstag
23

Freitag
24

Samstag
25

Sonntag
26

KW 9

Praxistipps für den Obstgarten

Im März ist Zeit für den Erziehungsschnitt beim Steinobst. Nun können auch Baumscheiben gejätet, Bäume mit Kompost versorgt und frostempfindliche Arten wie Aprikosen oder Pfirsiche gepflanzt werden. Auch für das Auslichten von Himbeeren und Brombeeren ist jetzt ein guter Zeitpunkt. Ihre markhaltigen Ruten dienen übrigens gebündelt in den Boden gesteckt Bienen und Wespen als Nisthilfe (tG 22, KW 43). Wenn ihr Lust habt, noch mehr dieser kleinen Gartenhelfer kennenzulernen, stellt euch ein Wildbienenhotel in den Garten. Sie werden es euch mit der Bestäubung eurer Obstbäume und -sträucher danken.

Zum Weiterlesen:
www.wildbienen.info/artenschutz/nisthilfen_01.php

Gartenideen für diese Woche

Anzucht	Art	Satz	Wie	Wo	Pflanzung in KW	Menge
	Salat	2		MT	14	18
	als Schnittsalat					
	Fenchel	2		MT	15	18
	Kohlrabi	2		MT	14	12

Für Schnittsalat werden Sorten gewählt, die eher lose Blätter und keinen festen Kopf bilden. Die Blätter werden von außen abgepflückt oder geschnitten und in der Mitte wächst der Salat wieder nach. So kann über einen langen Zeitraum immer wieder geerntet werden. Salate, die kontinuierlich als Schnittsalate geerntet werden, können enger gepflanzt werden als Salate für die Kopfernte.

Abhärten: Wenn alles klappt, kann es in der nächsten Woche mit den ersten Pflanzungen losgehen. Dafür müssen die Jungpflanzen abgehärtet werden. Stellt sie hierfür tagsüber nach draußen. So gewöhnen sie sich an UV-Licht, Wind und Kälte und schaffen den Sprung ins Beet besser.

Februar/März 2023

Montag
27

Dienstag
28

Mittwoch
1

Donnerstag
2

Freitag
3

Samstag
4

Sonntag
5

KW 10

Los geht's!

Jetzt soll es richtig losgehen. Ob das funktioniert, hängt natürlich auch vom Wetter ab. Falls noch Schnee liegt, müsst ihr zumindest im Freiland noch etwas warten.

Gartenideen für diese Woche

Anzucht	Art	Satz	Wie	Wo	Pflanzung in KW	Menge
	Mangold	1		MT	16	11
	Tomaten	1		AS	21	12
Pflanzung					**Aussaat aus KW**	
	Salat	1	30*30	GH+D3	4	10+10
	Spinat	1	25*10	GH	5	2 m²
	Rucola	1	20*10	GH	5	0,5 m²
	Fenchel	1	25*25	A8	4	16

Falls ihr eure Jungpflanzen später gesät habt oder sie noch klein sind, könnt ihr mit dem Pflanzen noch etwas warten.

	Art	Satz	Wie	Wo	Pflanzung in KW	Menge
	Petersilie	1	20*20	GH	4	2
	Schnittlauch	1	20*20	B6	4	1
	Zwiebeln	1	25*8	B2+3		100
	Zwiebeln (Direktverzehr)	1	25*8	D5		40
	Kohlrabi	1	30*30	GH+D4	4	5+10
	Kopfkohl (Spitzkohl)	1	40*40	A1	4	5
	Wirsing	1	40*40	C1+2	4	5

Ihr könnt eine Reihe der Länge nach an den Beetrand pflanzen, sodass daneben eine Doppelreihe Erbsen Platz hat.

	Art	Satz	Wie	Wo	Pflanzung in KW	Menge
	Blumenkohl	1	40*40	GH	4	6
	Brokkoli	1	40*40	GH	4	6
Direktsaat						
	Rucola	2	20*1	D5		0,25 m²
	Scheerkohl	1	20*5	C7		1 m²
	Radieschen	1	15*1	GH		0,5 m²
	Rettich	1	25*2	A7		0,5 m²
	Spinat	2	20*3	D1+D2		2 m²
	Möhren (Direktverzehr)	1	20*2	B1		1 m²

März 2023

Montag
6

Dienstag
7

Internationaler Frauentag (BE) — Mittwoch
8

Donnerstag
9

Freitag
10

Samstag
11

Sonntag
12

KW 11

Die richtigen Abstände bei Pflanzungen und Direktsaaten

Euer Gemüse braucht unterschiedlich viel Platz, damit es sich optimal entwickeln kann. Die empfohlenen Abstände im taschenGARTEN orientieren sich einerseits an gängigen Empfehlungen zu den einzelnen Arten. Andererseits experimentieren wir selbst und viele unserer Kolleg*innen immer mehr mit engeren Abständen und machen die Erfahrung, dass manche Kulturen bei guter Bodenfruchtbarkeit durchaus enger angebaut werden können. Toll daran ist, dass der Ertrag pro Quadratmeter höher wird, und vor allem auch, dass der Boden nach der Pflanzung viel schneller mit einem lebendigen Bewuchs bedeckt ist. So kommt weniger Unkraut hoch, und der Bewuchs wirkt sich positiv auf die Bodengesundheit aus. Natürlich solltet ihr immer auch die Empfehlungen für die einzelnen Sorten berücksichtigen. Denn auch innerhalb der Arten gibt es Unterschiede.

Ihr nutzt den Platz in euren Beeten optimal aus, wenn ihr die einzelnen Reihen immer versetzt zueinander pflanzt (s. Skizze).

5 Pflanzen/m², z. B. Kohl   10 Pflanzen/m², z. B. Salat

März 2023

Montag
13

Dienstag
14

☾ Mittwoch
15

Donnerstag
16

Freitag
17

Samstag
18

Sonntag
19

KW 12

Aprikosen aus dem eigenen Garten?

... da läuft einem doch das Wasser im Mund zusammen! Doch leider machen es uns die anspruchsvollen Bäume nicht so leicht (s. KW 46): Aprikosen mögen es warm, sie sind sehr spätfrostanfällig, brauchen lockere Böden und kommen nicht gut mit viel Niederschlag klar. In Deutschland fühlen sie sich in den Weinbauregionen am wohlsten.

Doch mit etwas Glück, Geschick und Sortenkenntnis kann der Anbau auch an kühleren und regenreicheren Standorten gelingen. Am behaglichsten finden die Bäume es hier als Spalier an einer überdachten ost- oder westseitigen Hauswand. An der Südseite werden sie zu früh aus der Winterruhe geweckt und mögliche Fröste zerstören ihre Blüte.

Genauere Infos zum Anbau findet ihr z.B. im »Handbuch Bio-Obst« (KW 51). Auf der Internetseite der Arche Noah gibt es detaillierte Sortenbeschreibungen unter dem österreichischen Begriff »Marille«:

www.arche-noah.at/sortenerhaltung/obst-und-obstsammlung/sortenbeschreibungen

Gartenideen für diese Woche

Direktsaat	Art	Satz	Wie	Wo	Menge
	Radieschen	2	15*1	D8	0,5 m²
	Mairübchen	1	25*5	D8	0,5 m²

März 2023

Frühlingsanfang

Montag
20

Dienstag
21

Mittwoch
22

Donnerstag
23

Freitag
24

Samstag
25

Sommerzeitbeginn

Sonntag
26

KW 13

Warum werden Obstbäume veredelt?

Veredeln bedeutet, dass ein Edelreis (ein Trieb einer gewünschten Sorte) mit einer Wurzelunterlage verbunden wird. Die beiden Pflanzenteile wachsen zusammen und es entsteht ein junger Baum. Die gewählte Unterlage hat Einfluss darauf, wie wüchsig der Baum wird, also ob er eher klein bleibt oder groß wird. Das Edelreis bestimmt Sorteneigenschaften wie Geschmack, Fruchtfarbe oder Krankheitsanfälligkeit. Beim Veredeln handelt es sich also um eine vegetative Vermehrungsform, bei der genetisch identische Pflanzen entstehen.

Würde man Obst generativ, also durch Aussaat der Kerne oder Steine, vermehren, wäre völlig unklar, welche Eigenschaften der daraus wachsende Baum haben wird. Zumindest bei fremd befruchtenden Arten (wie z. B. Apfel und Birne) wissen wir ja nicht, von welcher Vatersorte der Pollen bei der Bestäubung kam. Und selbst wenn wir das wissen (wie beispielsweise in der gezielten Züchtung, S. 156), ist dennoch jeder aus einem Samen gezogene Baum einzigartig – denn die Kombinationsmöglichkeiten der Gene von Mutter- und Vatersorte sind sehr vielfältig.

Wenn wir die Vermehrung von Obst mit der von Gemüse vergleichen, gibt es hier also einen großen Unterschied. Bei Gemüsesorten sieht man innerhalb weniger Monate nach der Aussaat, welche Merkmale die Pflanzen ausbilden. Die, die nicht dem Sortenbild entsprechen, können entfernt werden, damit sie sich nicht vermehren. Bei Bäumen dauert das viel, viel länger: Stellt euch vor, ihr sät einen Baum und merkt nach zehn Jahren, dass er gar nicht die Eigenschaften hat, die ihr euch gewünscht habt. Beispielsweise könnten die Früchte eines Apfelbaums zwar lecker, aber nur kirschgroß sein. Oder der Baum ist viel krankheitsanfälliger als erwartet. Ein so vermehrter Baum ist ein Überraschungspaket. Nur veredelte Bäume können sortenecht sein.

Gartenideen für diese Woche

Direktsaat	Art	Satz	Wie	Wo	Menge
	Erbsen	1	20*8	C1+2	2 m Reihe
	Doppelreihe neben Wirsing				

März/April 2023

Montag
27

Dienstag
28

Mittwoch
29

Donnerstag
30

Freitag
31

Samstag
1

Sonntag
2

KW 14

Kohlanbau

Brokkoli, Wirsing, Grünkohl, Blumenkohl, Kopfkohl, Kohlrabi, Rosenkohl, Blattkohl – die Kohlwelt ist vielfältig! Und wenn er gelingt, macht der Kohlanbau richtig Spaß. Hier ein paar Tipps für einen prächtigen Erfolg:

- Achtet darauf, dass eure Kohlpflanzen mit ausreichend Nährstoffen versorgt sind. Vor allem Blumenkohl und Brokkoli brauchen häufig eine zusätzliche Düngung zu Beginn der Blütenbildung.
- Gießen nicht vergessen: Auch damit die Nährstoffe umgesetzt werden können, ist Wasser nötig.
- Ackerbohnen oder Lupinen sind tolle Vorfrüchte.
- Mulch verbessert den Boden und begünstigt das Wachstum.
- Schützt euren Kohl mit feinmaschigen Netzen (0,8 mm Maschenweite) gegen Erdflöhe. Wichtig ist, dass die Netze dicht am Boden aufliegen. Das Netz hält auch Kohlweißlinge und Vögel ab.

Viele Kohlvarianten wachsen auch bei niedrigen Temperaturen oder können diese zumindest überstehen. So kann Kohl rund ums Jahr die Ernte aus dem eigenen Garten bereichern.

Gartenideen für diese Woche

	Art	Satz	Wie	Wo	Pflanzung in KW	Menge
Anzucht						
	Rosenkohl	1		MT/FB/FL	19	7
Pflanzung					**Aussaat aus KW**	
	Salat als Schnittsalat	2	25*25	A2	9	16
	Kohlrabi	2	30*30	A6	9	10
Direktsaat						
	Rucola	3	20*1	A2		0,25 m²
	Buchweizen/Phazelia	.	Breitsaat	C3+4		2 m²

April 2023

Montag
3

Dienstag
4

Mittwoch
5

Donnerstag
6

Karfreitag
Freitag
7

Samstag
8

Ostersonntag
Sonntag
9

KW 15

Ackerschachtelhalmtee zur Pflanzenstärkung

Ackerschachtelhalm enthält jede Menge Kieselsäure. Durch die Herstellung eines Tees wird diese herausgelöst. Werden Pflanzen dann mit dem Tee gespritzt, wird die Kieselsäure in die Zellen der behandelten Pflanze eingebaut. Die Zellen werden damit fester und Pilze und Bakterien können nicht mehr so leicht eindringen. Das Spritzen mit Ackerschachtelhalm bietet sich z. B. bei Tomaten und Gurken an. Am besten wirkt die Pflanzenstärkung, wenn alle 10 bis 14 Tage gespritzt wird. Dann sind auch die jungen Blätter geschützt.

Rezept:

100 g frischer oder 15 g getrockneter Schachtelhalm
1 l Wasser

Der Schachtelhalm wird 12 bis 24 Stunden in kaltes Wasser gelegt und dann 30 min gekocht. Anschließend kann der Schachtelhalm aus dem Tee gefiltert und der Tee 1:5 verdünnt werden. Gespritzt wird auf die trockenen Blätter – möglichst bei bedecktem Himmel, denn bei Sonnenschein können die Wassertropfen zu Verbrennungen führen. An einem dunklen und kühlen Ort ist der Tee viele Wochen haltbar. Ihr müsst also nicht für jede Spritzung einen neuen kochen.

Gartenideen für diese Woche

Anzucht	Art	Satz	Wie	Wo	Pflanzung in KW	Menge
	Wassermelone	1		10er-Topf	21	4
	Basilikum	1		MT	21	12
Pflanzung					Aussaat aus KW	
	Fenchel	2	25*25	C8	9	16
	(Sommer-)Porree	1	25*10	A5	3	40

April 2023

Ostermontag / Montag **10**

Dienstag **11**

Mittwoch **12**

☾ Donnerstag **13**

Freitag **14**

Samstag **15**

Sonntag **16**

KW 16

Lesetipp: Praxishandbuch Bodenfruchtbarkeit. Humus verstehen, Direktsaat- und Mulchsysteme umsetzen, Klimakrise meistern
J.–H. Cropp, Verlag Eugen Ulmer (2021)

Das Buch richtet sich zwar in erster Linie an Landwirt*innen und professionell anbauende Gärtner*innen, doch auch für ambitionierte Hausgärtner*innen ist es absolut lesenswert. Wichtige Hintergründe zu Bodenstruktur, Humusaufbau, Nährstoffversorgung etc. werden anschaulich, ausführlich und praxisnah erläutert. Auf Grundlage eines fundierten Verständnisses der Prozesse im Boden werden verschiedene Anbaumethoden vorgestellt, bei denen die Bedeckung des Bodens durch lebendige Pflanzen und Mulch immer eine zentrale Rolle spielt. Das Ziel ist, auf diese Weise Gärten und Äcker entstehen zu lassen, die möglichst widerstandsfähig in der Klimakrise bestehen und gute Erträge liefern können. Dabei liefert das Buch keine fertigen Rezepte, sondern unterstützt dabei, passende Systeme für eine bodenfreundliche Bewirtschaftung für den eigenen Garten oder Betrieb zu entwickeln. Denn jeder Garten ist anders!

Gartenideen für diese Woche

	Art	Satz	Wie	Wo	Pflanzung in KW	Menge
Anzucht						
	Stangensellerie	1		MT	22	8
Pflanzung					Aussaat aus KW	
	Sellerie	1	35*35	B6	8	9
	Mangold	1	30*30	C5	10	9
Direktsaat						
	Rote Bete (Direktverzehr)	1	25*4	C6		1 m²

April 2023

Montag
17

Dienstag
18

Mittwoch
19

Donnerstag
20

Freitag
21

Samstag
22

Sonntag
23

KW 17

Möhren im richtigen Abstand: Saatband oder Handsämaschine

Besonders kleine Samen, wie die von Möhren, sind bei der Aussaat eine motorische Herausforderung. Denn der richtige Abstand ist entscheidend für eine erfolgreiche Ernte. Stehen die Pflänzchen zu eng, bleiben die Möhren klein, ist der Abstand zu groß, werden sie zwar dick, aber der Gesamtertrag ist trotzdem gering.

Wem es zu filigran oder langwierig ist, Möhren und Co. von Hand zu säen, kann auch Saatbänder kaufen. Diese sind zwar etwas teurer als loses Saatgut, für kleine Mengen aber durchaus praktisch. Und falls ihr mehrere Quadratmeter Möhren und anderes direkt gesätes Gemüse anbauen wollt, lohnt sich vielleicht sogar eine kleine Handsämaschine. Neben Profimodellen gibt es auch günstige, sehr einfache Geräte für kleine Gärten, beispielsweise von Varomorus. Bei diesen Sämaschinen können in der Regel kleine Rädchen getauscht werden, sodass sie für unterschiedlich große Sämereien bis zur Größe von Rote Bete genutzt werden können.

Sobald die Pflänzchen gut sichtbar sind, solltet ihr unabhängig von der gewählten Aussaatmethode den Abstand kontrollieren und gegebenenfalls vereinzeln, also überzählige Möhren entfernen.

Gartenideen für diese Woche

Anzucht	Art	Satz	Wie	Wo	Pflanzung in KW	Menge
	(Winter-)Porree	2		AS/FB/FL	28	40

April 2023

Montag
24

Dienstag
25

Mittwoch
26

Donnerstag
27

Freitag
28

Samstag
29

Sonntag
30

KW 18

Obst im Porträt: Rhabarber

So früh wie Rhabarber kann kein anderes Obst geerntet werden. Je nach Wetter und Standort können die Stangen von April bis Ende Juni gezogen werden. Gezogen? Ja, denn geerntet wird nicht mit dem Messer. Stattdessen werden die Stangen unten an der Ansatzstelle herausgerissen. Bei der Ernte mit dem Messer bleiben kleine Stummel zurück, die dann häufig zu faulen beginnen.

Rhabarber ist in der Regel sehr robust. In humosem, nährstoffreichem Boden beschert er euch Jahr für Jahr die Grundlage für leckeren Rhabarberkuchen und Kompott. Nach der letzten Ernte Ende Juni solltet ihr noch mal üppig mit Kompost nachdüngen, damit die Pflanze kräftig in die nächste Saison starten kann. Gepflanzt wird Rhabarber im Herbst. Jede Pflanze braucht etwa 1 m² Platz. Entweder ihr kauft Pflanzen – oder vielleicht kennt ihr jemanden mit einer großen kräftigen Pflanze, von der ihr ein Stück abstechen dürft?

....

Gartenideen für diese Woche

Anzucht	Art	Satz	Wie	Wo	Pflanzung in KW	Menge
	Kürbis	1		10er-Topf	21	6
	Gurke	1		10er-Topf	21	11

Mai 2021

Tag der Arbeit

Montag
1

Dienstag
2

Mittwoch
3

Donnerstag
4

○
Freitag
5

Samstag
6

Sonntag
7

KW 19

Praxistipps für den Obstgarten

Ab Mitte Mai könnt ihr Feigen und Kiwis pflanzen. Die meisten Kiwis sind zweihäusig, neben einer (oder auch mehreren) weiblichen Pflanzen muss also auch eine männliche gesetzt werden. Lasst euch bei beiden Arten gut zur Sorten- und Standortwahl beraten.

Auch für die Pflanzung von Physalis ist bald der richtige Zeitpunkt. Viele Sorten bilden in Gewächshäusern in erster Linie Blätter und kaum Früchte. An einem warmen Ort im Freiland geht's besser.

Unter eure Erdbeeren könnt ihr jetzt eine Mulchschicht aus Stroh geben, damit die Früchte sauber bleiben, Pilzkrankheiten vorgebeugt wird und der Boden schön feucht bleibt.

Gartenideen für diese Woche

Anzucht	Art	Satz	Wie	Wo	Pflanzung in KW	Menge
	Salat *als Schnittsalat*	3		MT	23	18
	Zucchini	1		10er-Topf	21	3
	Kohlrabi	3		MT	23	12
	Kopfkohl	2		MT/FB/FL	23	6
Pflanzung					**Aussaat aus KW**	
	Rosenkohl	1	40*40	A4	14	5
Direktsaat						
	Möhren *(Lager)*	2	20*2	B4+5		1,8 m²
	Wurzelpetersilie	1	20*2	B5		0,2 m²
	Pastinake	1	30*4	B7		0,5 m²
	Chicorée	1	30*5	B7		0,5 m²
	Buschbohnen	1	30*6	C7		1 m²

Mai 2023

Montag
8

Dienstag
9

Mittwoch
10

Donnerstag
11

Freitag
12

Samstag
13

Sonntag
14

KW 20

Obst im Porträt: Quitten

Die steinharten, gelben, wunderschönen Früchte duften süß-herb und können vielfältig verarbeitet werden. Zugegeben: Viele Rezepte sind aufwendig, da es einiges an Kraft und Zeit bedarf, die Früchte zu zerkleinern. Wer diesen Aufwand scheut, kann Quitten auch einfach zu einer Obstpresse bringen und in wenigen Minuten ist der rohe oder pasteurisierte Saft fertig. Der rohe Saft kann dann z. B. weiter zu Gelee oder Sirup verarbeitet werden. Pasteurisierter Saft ist haltbar und schmeckt toll in Punsch und Tee oder auch als Schorle.

Klassische Rezepte sind Quittenschnitten und Quittenmus. Doch Quitten können auch in der herzhaften Küche Verwendung finden: In Marokko werden sie z. B. häufig mit Gemüse in Tajines zubereitet.

Bei Quitten gibt es verschiedene apfel- und birnenförmige Sorten sowie kleine Ziervarianten, die ebenfalls essbar sind. Sie sind auf schwach bis stark wachsenden Unterlagen erhältlich und können auch gut als Spalier vor Mauern gezogen werden.

Mai 2023

Montag
15

Dienstag
16

Mittwoch
17

Christi Himmelfahrt

Donnerstag
18

Freitag
19

Samstag
20

Sonntag
21

KW 21

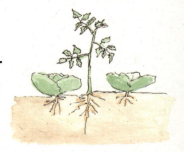

Tomaten & Co. zwischen die Salate pflanzen

Falls ihr den ersten Schwung Gemüse im Gewächshaus noch nicht ganz abgeerntet habt, könnt ihr Tomaten, Paprika und Auberginen einfach dazwischenpflanzen. Ein paar Wochen können sie vor allem zwischen niedrigen Pflanzen wie Salat gut wachsen. Irgendwann bekommt dann der Salat nicht mehr genug Licht. Aber bis dahin habt ihr ihn wahrscheinlich schon aufgegessen.

Gartenideen für diese Woche

Anzucht	Art	Satz	Wie	Wo	Pflanzung in KW	Menge
	Steckrübe	1		MT/FB/FL	25	12
Pflanzung					Aussaat aus KW	
	Kürbis	1	100*100	D1-5	18	5
	Gurke	1	50*50	D8+GH	18	4+5
	Zucchini	1	100*100	D6+7	19	2
	Wassermelone	1	100*50	GH	15	3
	Tomaten	1	50*50	GH	10	10
	Paprika	1	50*50	GH	8	5
	Peperoni	1	50*50	GH	8	1
	Aubergine	1	50*50	GH	8	4
	Basilikum	1	20*20	GH	15	10

Mai 2023

Montag
22

Dienstag
23

Mittwoch
24

Donnerstag
25

Freitag
26

Samstag
27

Pfingstsonntag

Sonntag
28

KW 22

Pflanzung in Ackerbohnenmulch

In der Anbauplanung empfehlen wir, vor einigen starkzehrenden Gemüsearten Ackerbohnen als Gründüngung auszusäen. Die Ackerbohnen wurzeln tief und reichern den Boden mit Stickstoff an. Das sind optimale Wachstumsbedingungen für Kohl oder Zucchini. Bei deren Pflanzung könnt ihr die Ackerbohnen wiederum direkt als Mulchmaterial nutzen:

- Falls auf eurem Beet vor allem Ackerbohnen und keine oder nur ganz wenige Unkräuter wachsen, könnt ihr die Bohnen einfach niedrig absensen und liegen lassen. Die kleinen Pflänzchen können dann wie gewohnt gepflanzt werden.
- Sollten zwischen den Ackerbohnen noch Unkräuter wachsen, könnt ihr die Ackerbohnen auch abmähen und zunächst an die Seite legen. Dann könnt ihr das Unkraut entfernen und im Anschluss den Ackerbohnenschnitt wieder aufs Beet legen, bevor ihr mit der Pflanzung beginnt.

In beiden Fällen macht es Sinn, die Ackerbohnenwurzeln im Beet zu lassen. Sie zersetzen sich an Ort und Stelle und wirken sich positiv auf eure Bodenfruchtbarkeit aus.

Gartenideen für diese Woche

	Art	Satz	Wie	Wo	Pflanzung in KW	Menge
Anzucht						
	Grünkohl	1		MT/FB/FL	26	6
Pflanzung					Aussaat aus KW	
	Stangensellerie	1	30*30	A1*	16	6
Direktsaat						
	Radieschen	3	15*1	A1*		1 m Reihe

*Eventuell ist in A1 noch nicht all der Wirsing und Spitzkohl abgeerntet. Ihr könnt den Stangensellerie und die Radieschen an die freien Stellen pflanzen/säen.

Mai/Juni 2023

Pfingstmontag | Montag
29

Dienstag
30

Mittwoch
31

Donnerstag
1

Freitag
2

Samstag
3

○ | Sonntag
4

KW 23

Praxistipps für den Obstgarten

Falls ihr in euren Apfelbäumen und Stachelbeersträuchern Triebe entdeckt, die einen weißlichen Belag auf den Blättern haben, handelt es sich sehr wahrscheinlich um Mehltau. Damit dieser Pilz sich nicht weiter ausbreitet, schneidet ihr (mit Bedacht) die betroffenen Triebe am besten bei sonnig-trockenem Wetter aus. Frisch gepflanzte Bäume und Sträucher brauchen in den nächsten Monaten genügend Wasser.

Gartenideen für diese Woche

Anzucht	Art	Satz	Wie	Wo	Pflanzung in KW	Menge
	Kohlrabi (*Superschmelz*)	4		MT	27	10
	Brokkoli	2		MT/FB/FL	27	7
Pflanzung					**Aussaat aus KW**	
	Salat	3	25*25	A6*	19	16
	Kohlrabi	3	30*30	A7	19	10
	Kopfkohl	2	40*40	A3	19	5
Direktsaat						
	Rote Bete (*Lager*)	2	25*4	C3		1 m²
	Buschbohnen	2	30*6	C4		1 m²

*Es kann sein, dass auf Beet A6 noch ein paar Kohlrabis stehen. Ihr könnt den Salat trotzdem schon in die Lücken pflanzen oder die Pflanzung auf die nächste Woche verschieben.

Juni 2023

Montag
5

Dienstag
6

Mittwoch
7

Fronleichnam (BW, BY, HE, NW, RP, SL)

Donnerstag
8

Freitag
9

Samstag
10

Sonntag
11

KW 24

Mehrfachbelegung der Beete

In der Anbauplanung empfehlen wir für die meisten Beete eine Mehrfachbelegung. Hierfür muss ungefähr abgeschätzt werden, wie lang die Gemüse zum Reifen brauchen. Wir orientieren uns dabei an Angaben von Saatgutzüchter*innen und unseren eigenen Erfahrungen. Allerdings kann die Entwicklungsdauer je nach Sorte sehr unterschiedlich sein: Bei verschiedenen Möhrensorten variiert sie beispielsweise zwischen 90 und 150 Tagen. Wichtig ist also, dass ihr dies bei eurer Sortenwahl beachtet und eure Anbauplanung gegebenenfalls anpasst.

Interessant sind die Durchschnittswerte für einzelne Sorten und Arten auch, weil sie euch Rückschlüsse darüber geben, ob die Wachstumsbedingungen bei euch passend sind. Falls die Reifung viel länger dauert als angegeben, kann es sein, dass ihr zu wenig gegossen habt, es zu kalt war oder Nährstoffe fehlten. Macht euch auf die Suche danach, was schiefgegangen sein könnte, und versucht die Bedingungen entsprechend zu verbessern (s. auch »Gärtnern mit dem taschenGARTEN« ab S. 6).

Gartenideen für diese Woche

Anzucht	Art	Satz	Wie	Wo	Pflanzung in KW	Menge
	Fenchel	3		MT	28	5
	Blumenkohl	2		MT/FB/FL	28	7

Juni 2023

Montag
12

Dienstag
13

Mittwoch
14

Donnerstag
15

Freitag
16

Samstag
17

Sonntag
18

KW 25

Lesetipp: Von Böden die klingen und Pflanzen die tanzen – Neue Streifzüge durch wissenschaftliches Unterholz
F. Koechlin, Lenos Verlag (2021)

Florianne Koechlins neues Buch nimmt uns mit auf eine Reise zu ganz unterschiedlichen Menschen. Manche von ihnen beschäftigen sich wissenschaftlich mit verschiedensten Facetten von Natur und Landwirtschaft. Andere leben und arbeiten ganz praktisch für eine zukunftsfähige Lebensmittelproduktion.

So hat die Autorin überraschende, Mut machende und faszinierende Berichte gesammelt. Es geht z. B. um Pflanzen, die lernen, wann ihre Bestäuber kommen, und sich ihnen entgegenrecken, darum, dass Pflanzen Emotionen erkennen können und was der »Klang« eines Bodens über seine Lebendigkeit aussagen kann. Die Autorin lässt Wissenschaftler*innen und Praktiker*innen selbst zu Wort kommen und beschreibt ihre Begegnungen mit ihnen. Dadurch spürt man deren Begeisterung für ihr Tätigkeitsfeld. So ist ein äußerst lebendiges und kurzweiliges Buch entstanden.

....

Gartenideen für diese Woche

Pflanzung	Art	Satz	Wie	Wo	Aussaat aus KW	Menge
	Steckrübe	1	30*30	A5	21	10

Ist der Lauch auf dem zukünftigen Steckrübenbeet noch nicht ganz abgeerntet? Dann könnt ihr die Steckrüben auch dazwischenpflanzen. Dabei solltet ihr trotzdem etwas Abstand zum Lauch lassen, damit ihr diesen in den nächsten Wochen ernten könnt, ohne die Steckrüben zu verletzen.

Nährstoffmangel: Ihr solltet regelmäßig kontrollieren, ob eure Pflanzen ausreichend mit Nährstoffen versorgt sind. Akuter Stickstoffmangel kann z. B. mit Pflanzenjauchen ausgeglichen werden (s. Düngetabelle S. 187).

Juni 2023

Montag
19

Dienstag
20

Sommeranfang

Mittwoch
21

Donnerstag
22

Freitag
23

Samstag
24

Sonntag
25

KW 26

Rezept: Kapuzinerkresse-Pesto
von Margret Arbach

150 g Kapuzinerkresse
10 g Salz
150 g Olivenöl

Sortiert die Kresse, nur schöne Blätter ohne Bewohner (oft auf der Unterseite) verwenden. Blätter, Blüten, Samen und Stiele – außer den dicken Stielen – können zu Pesto verarbeitet werden.

Püriert die klein geschnittene Kapuzinerkresse mit dem Salz und dem Olivenöl und füllt das Pesto in saubere, heiß ausgespülte Gläser. Gebt oben eine dünne Schicht Öl darauf – dann hält es sich besser. Das Pesto sollte im Kühlschrank aufbewahrt werden. Größere Mengen können auch eingefroren werden.

Gartenideen für diese Woche

Anzucht	Art	Satz	Wie	Wo	Pflanzung in KW	Menge
	Radicchio	1		MT	30	6
	Zuckerhut	1		MT	30	6
	Endivien	1		MT	30	5
Pflanzung					**Aussaat aus KW**	
	Grünkohl	1	40*40	A8	22	5

Juni/Juli 2023

Montag
26

Dienstag
27

Mittwoch
28

Donnerstag
29

Freitag
30

Samstag
1

Sonntag
2

KW 27

Praxistipps für den Obstgarten

Nun fängt die Sommerschnittzeit für Kirschen, Pflaumen und Aprikosen an. Kranke, eingetrocknete Früchte solltet ihr entfernen, um einem Pilzbefall vorzubeugen.

Bei Johannis-, Stachel- und Sommerhimbeeren werden nach der Ernte abgetragene Ruten entfernt und überzählige Neutriebe ausgedünnt.

Gartenideen für diese Woche

Anzucht	Art	Satz	Wie	Wo	Pflanzung in KW	Menge
	Chinakohl	1		MT	30	5
Pflanzung					**Aussaat aus KW**	
	Kohlrabi (*Superschmelz*)	4	35*35	C8	23	8
	Brokkoli	2	50*50	C2	23	5
Direktsaat						
	Rucola	4	20*1	B1		*Beides in*
	Radieschen	4	15*1	B1		*Lücken säen*

Juli 2023

Montag
3

Dienstag
4

Mittwoch
5

Donnerstag
6

Freitag
7

Samstag
8

Sonntag
9

KW 28

Mulch für schönen Fenchel und Blumenkohl

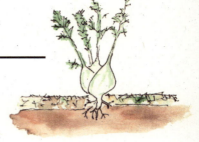

Fenchel und Blumenkohl brauchen viel Wasser. Damit dieses nicht zu schnell verdunstet, ist eine Mulchschicht aus frischem Rasenschnitt besonders willkommen.

Ihr könnt das Beet für die Pflanzung vorbereiten, indem ihr allen Bewuchs mit dem Messer knapp unter der Erdoberfläche abschneidet (s. S. 8) und dann eine 5–10 cm dicke Schicht Rasenschnitt auf dem Beet verteilt. Je nach Nährstoffgehalt eures Bodens könnt ihr vor allem bei Blumenkohl zusätzlich Kompost zwischen Erde und Mulch ausbringen.

Die Mulchschicht verlangsamt das Austrocknen des Bodens stark, sodass bei Trockenheit nicht ganz so viel gegossen werden muss. Außerdem sind die Bodenlebewesen unter Mulch aktiver, was die Nährstoffumsetzung verbessert.

Gartenideen für diese Woche

Pflanzung	Art	Satz	Wie	Wo	Aussaat aus KW	Menge
	Fenchel	3	25*25	C7	24	4
	Blumenkohl	2	40*40	C1	24	5
	(Winter-)Porree	2	25*10	C7	17	30

Juli 2023

Montag
10

Dienstag
11

Mittwoch
12

Donnerstag
13

Freitag
14

Samstag
15

Sonntag
16

KW 29

Achtung Krautfäule!

Besonders in feuchten Jahren kann uns beim Anbau von Tomaten die Krautfäule zum Verhängnis werden. Der Pilz greift zunächst die Blätter an, an denen sich schwarzbraune Flecken bilden. Im weiteren Verlauf können auch die Früchte betroffen sein. Tomaten können an Krautfäule erkranken, wenn zum einen der Erreger da ist und zum anderen die Pflanzen über mehrere Stunden nass sind. Denn nur dann kann der Pilz in die Blätter und Zellen eindringen, um sich dort zu vermehren.

Das könnt ihr tun, um einem Krautfäulebefall vorzubeugen:

- Baut Tomaten unter einem Regenschutz an.
- Wählt windige Standorte und lüftet eure Gewächshäuser gründlich.
- Denkt an große Pflanzabstände, entfernt die unteren Blätter rechtzeitig und geizt gründlich.
- Bringt Mulch aus, denn dieser hemmt die Erreger, vom Boden auf die Blätter zu gelangen.
- Vermeidet beim Gießen Spritzwasser.
- Achtet auf eine bedarfsgerechte Düngung (vor allem zu viel Stickstoff macht Tomaten anfällig).
- Spritzt alle 10 bis 14 Tage mit Ackerschachtelhalmtee (s. KW 15).

Doch was, wenn trotz aller Vorsicht Krautfäule auftritt?

- Entfernt alle befallenen Stellen, damit sich der Pilz nicht weiter verbreitet.
- Achtet darauf, den Erreger nicht von einem Tomatenstandort zum anderen »mitzunehmen« – also aus eurem Gewächshaus auf den Balkon oder ins Gewächshaus eurer Nachbar*innen (Werkzeug, Kleider, Hände waschen).
- Entfernt im Herbst beim Abräumen der Pflanzen gründlich alle Pflanzenteile sowie unverrottete Mulchreste und macht das Gewächshaus sauber.

Sinnvoll wäre eine Fruchtfolge im Gewächshaus. Doch selten haben wir so viel Platz, um mehrere Gewächshäuser aufzubauen, sodass in jedem nur alle paar Jahre Tomaten wachsen. Deshalb ist es umso wichtiger, die vorbeugenden Maßnahmen umzusetzen.

Juli 2023

Montag
17

Dienstag
18

Mittwoch
19

Donnerstag
20

Freitag
21

Samstag
22

Sonntag
23

KW 30

Obst im Porträt: Renekloden

Die großen, runden, saftig-süßen Früchte erinnern
an Pflaumen und sind ausgesprochen lecker. Trotzdem sind Renekloden kaum bekannt. Vermutlich auch, weil die druckempfindlichen Früchte schlecht transportiert werden können und sie sich somit nur schwer vermarkten lassen. Im Hausgarten kann uns das zum Glück ziemlich egal sein. Die schmackhaften Früchte können roh gegessen und auch zu Kuchen, Kompott und Marmeladen verarbeitet werden.

Reneklodenbäume mögen es etwas wärmer als Pflaumen. Es gibt sie mit roten, gelben und grünen Früchten und mit schwach- bis starkwachsenden Unterlagen.

Gartenideen für diese Woche

Pflanzung	Art	Satz	Wie	Wo	Aussaat aus KW	Menge
	Radicchio	1	30*30	B2	26	5
	Zuckerhut	1	30*30	B2	26	5
	Chinakohl	1	35*35	B3	27	4
	Endivien	1	35*35	B3	26	4

Juli 2023

Montag
24

Dienstag
25

Mittwoch
26

Donnerstag
27

Freitag
28

Samstag
29

Sonntag
30

KW 31

Leckerer Apfel?! Geschmack ist kulturell gemacht
Wir sprachen mit Jan Bade

Ein Apfel muss knackig, saftig und süß-säuerlich sein – am besten spritzt er beim Reinbeißen! Wer mag schon weiche, mehlige oder schrumpelige Früchte? Während wir vermutlich fast alle dieser Einschätzung zustimmen, hatten die Menschen vor 150 Jahren noch ganz andere Vorlieben. In verschiedenen Büchern des 19. Jahrhunderts ist bei den pomologischen Beschreibungen zu lesen: »Ein Apfel ist am besten, wenn er breiig, mürbe im Munde zergeht.« Heute würden wir sagen: Ein solcher Apfel ist mehlig. Unsere Präferenzen haben sich aber nicht nur über die Jahre geändert, sie sind auch von Region zu Region unterschiedlich. In den USA ist beispielsweise der in Deutschland so beliebte *Elstar* aufgrund seiner Säure unverkäuflich.

Was also als lecker angesehen wird, ist mehr als nur individuelle Vorliebe oder gar global einheitlich und für alle Menschen gleich. Geschmack ist kulturell gemacht. Und während wir mit unserer Fixierung auf den knackig-süßen Apfel die Einheitlichkeit im Obstanbau fördern, verpassen wir die unzähligen Geschmacksnoten der Apfelvielfalt. Auch hierfür lohnt sich das Essen und Pflanzen von weniger bekannten Sorten.

Gartenideen für diese Woche

Anzucht	Art	Satz	Wie	Wo	Pflanzung in KW	Menge
	Mangold	2		MT/FB/FL	35	12
Direktsaat						
	Spinat	3	20*3	A1		1 m²

Mangold zur Überwinterung: Mangold, der jetzt ausgesät wird, lässt sich meistens besser überwintern als der Satz aus dem Frühling. Wenn es kalt wird, könnt ihr die Pflanzen bis aufs Herz abernten und mit einem Minitunnel abdecken. In den meisten Jahren übersteht Mangold den Winter recht gut und wächst dann schon in den ersten warmen Tagen im nächsten Frühling weiter. Mitte Mai fangen die überwinterten Pflanzen dann meistens an zu schießen.

Juli/August 2023

Montag
31

Dienstag
1

Mittwoch
2

Donnerstag
3

Freitag
4

Samstag
5

Sonntag
6

KW 32

Praxistipps für den Obstgarten

Ab August steht der Sommerschnitt bei Äpfeln und Birnen an, damit genügend Licht in den unteren Teil der Krone kommt (S. 152). Neupflanzungen und Sorten auf schwacher Wurzelunterlage sollten bei Trockenheit gewässert werden.

Habt ihr Läuse in euren Obstbäumen und Beerensträuchern entdeckt? Diese führen zu gehemmtem Triebwachstum und mindern den Ertrag. Zudem übertragen sie häufig Viruskrankheiten, die manches Mal mehr Schaden anrichten als die Läuse selbst. Bei Befall kann ein Brennnesselkaltauszug oder eine Schmierseifenlösung gespritzt werden. Zur Vorbeugung hilft wie so häufig ein vielfältiger Garten, der Nützlinge anzieht und diesen einen Lebensraum bietet. Darüber hinaus verhindern Leimringe an Baumstämmen, dass Ameisen (die Transporttiere und Symbiosepartner der Läuse) die kleinen Biester auf die Bäume tragen und dort vor Fraßfeinden schützen.

Gartenideen für diese Woche

Direktsaat	Art	Satz	Wie	Wo	Menge
	Feldsalat	1	15*2	A2+B8	2 m²

Feldsalat: Noch mitten im Sommer ist es soweit – der erste Feldsalat kann gesät werden. Wir empfehlen mehrere Sätze (KW 32–35 im Freiland und KW 38 im Gewächshaus). Im Freiland macht es durchaus Sinn, lieber früher als später zu säen. Falls ihr also Platz auf den Flächen habt, könnt ihr mit den Aussaaten einfach schon loslegen. Beachtet dabei immer auch die Sorteninfos.

August 2023

Montag
7

Dienstag
8

Mittwoch
9

Donnerstag
10

Freitag
11

Samstag
12

Sonntag
13

KW 33

Wasseraufnahme und -speicherung

Es ist gut, wenn ein Boden Wasser zügig aufnehmen und dann auch speichern kann. So kommt es bei starken Regenfällen zu weniger Erosion und Überschwemmungen, da das Wasser nicht oberirdisch abfließt, dabei wertvollen Boden mit sich nimmt und die Flüsse überlastet. Im Boden gespeichertes Wasser hingegen ist nach und nach für das Pflanzenwachstum und das Bodenleben verfügbar.
Besonders lebendige und humose Böden mit vielen Regenwurmgängen können Wasser schnell aufnehmen und speichern. Sie tragen somit zum Hochwasserschutz bei und sind weniger anfällig bei Trockenheit.

Versickerungstest: Ihr könnt das Wasseraufnahmevermögen eures Bodens ganz leicht testen. Ihr braucht hierfür einen etwa 10 cm hohen Ring mit 40 cm Durchmesser (z. B. einen abgeschnittenen Blumentopf oder ein altes Rohr). Der Ring wird leicht in den Boden gedrückt. Innerhalb einer Minute werden nun 10 l Wasser in den Ring gegossen. Das entspricht rund 100 l Niederschlag/m². Versickert das Wasser innerhalb der ersten 5 Minuten, hat euer Boden ein sehr gutes Wasseraufnahmevermögen. Steht nach 20 Minuten immer noch Wasser im Ring, nimmt euer Boden Wasser schlecht auf.

Achtung: Wühlmausgänge können das Ergebnis verfälschen!

Diesen Test könnt ihr im Laufe der Jahre immer wieder durchführen und so herausfinden, wie sich euer Boden durch eure Bewirtschaftung verändert. Das Wasser sollte immer schneller versickern, je lebendiger eure Böden werden.

Gartenideen für diese Woche

Direktsaat	Art	Satz	Wie	Wo	Menge
	Spinat	4	20*3	A7	1 m²
	Feldsalat	2	15*2	B1	1 m²

August 2023

Montag
14

Mariä Himmelfahrt (BY, SL)

Dienstag
15

Mittwoch
16

Donnerstag
17

Freitag
18

Samstag
19

Sonntag
20

KW 34

Erdbeeren

Sehnsüchtig warten wir oft im Frühsommer auf die ersten sonnengereiften süßen Erdbeeren. Falls ihr noch keine Erdbeerpflanzen in eurem Garten habt, ist jetzt ein guter Zeitpunkt für eine Pflanzung. Denn Pflanzen, die in diesem Jahr noch gut anwachsen und bei denen die Blütenansätze angelegt werden, tragen dann im nächsten Jahr gleich richtig. Bei späteren Pflanzungen fällt die erste Ernte meist klein aus.

Sorten: Ihr habt die Wahl zwischen einmal tragenden Sorten mit einer großen Ernte innerhalb weniger Wochen und Sorten, die verteilt bis in den Herbst hinein tragen.

Beetvorbereitung und Pflanzung: Erdbeeren mögen einen lockeren, humosen und leicht sauren Boden. Ihr könnt sie z. B. nach Erbsen, Bohnen, Kartoffeln oder Lauch pflanzen und das Beet vor der Pflanzung mit Kompost versorgen. Gepflanzt wird im Abstand von 30 x 50 cm.

Mulch: Erdbeeren können im Hausgarten drei Jahre und länger gute Erträge liefern. Wichtig ist, dass sie nicht im Unkraut untergehen. Hier ist reichlich Mulch hilfreich, zumal er sich auch positiv auf die Bodenqualität auswirkt. Zur Ernte hin hat sich Stroh als Mulchmaterial bewährt, da die Früchte so trocken und sauber bleiben.

Nach der Ernte: Jetzt können das trockene Laub der Erdbeerpflanzen und überzählige Ausläufer zurückgeschnitten werden (dabei das Herz nicht beschädigen!). Ausläufer von gut tragenden Pflanzen können für ein neues Beet genutzt werden. Die alten Pflanzen sollten nach der Ernte mit Kompost gedüngt werden.

Gartenideen für diese Woche

Direktsaat	Art	Satz	Wie	Wo	Menge
	Feldsalat	3	15*2	C6	1 m²

August 2023

Montag
21

Dienstag
22

Mittwoch
23

Donnerstag
24

Freitag
25

Samstag
26

Sonntag
27

KW 35

Pflanzentriebe köpfen

Die Blüten, die sich jetzt noch bei Tomaten, Paprika, Auberginen und Kürbissen bilden, schaffen es in den meisten Jahren nicht mehr zur Reife. Deshalb könnt ihr jetzt all diese Pflanzen »köpfen« – das heißt, ihr kappt ihre Triebe nach der letzten Blüte. So können die Pflanzen all ihre Kraft in die Ausbildung der vorhandenen Fruchtansätze stecken.

Gartenideen für diese Woche

Anzucht	Art	Satz	Wie	Wo	Pflanzung in KW	Menge
	Salat (Winterkopfsalat)	5		MT	38	28
	Asiasalat	1		MT	38	45
Pflanzung					**Aussaat aus KW**	
	Mangold	2	30*30	C4*	31	10
Direktsaat						
	Feldsalat	4	15*2	D8		1 m²

*Für diese Woche empfehlen wir euch die Pflanzung von Mangold zur Überwinterung und zur Ernte im nächsten Jahr. Falls die Bohnen in C4 noch gute Erträge liefern, könnt ihr sie je nach Platz ganz oder teilweise stehen lassen und den Mangold einfach dazwischenpflanzen. So kann er trotzdem schon mal anwachsen. Später könnt ihr dann die Bohnen einfach an der Erdoberfläche abschneiden.

August/September 2023

Montag
28

Dienstag
29

Mittwoch
30

○ Donnerstag
31

Freitag
1

Samstag
2

Sonntag
3

KW 36

Beerenobst für jeden Garten

Ob frisch zum Naschen, püriert zu Beeren-Shakes oder eingekocht zu Marmeladen & Co.: Beeren bereichern unsere Gärten und Küchen! Viele Beeren fruchten schon im ersten Jahr nach der Pflanzung und bereiten nicht nur Kindern große Freude.

Erdbeeren, Himbeeren, Brombeeren, Stachelbeeren, Johannisbeeren, Jostabeeren, Kultur-Heidelbeeren, Kamtschatka-Heckenkirschen oder Japanische Weinbeeren brauchen nicht viel Platz und eignen sich wunderbar auch für kleinere Gärten. Kiwi, Kiwai (Mini-Kiwi), Schisandra oder Wein benötigen ein Rankgerüst und vor allem »Platz nach oben«, während Goji-Beeren, Maulbeeren oder Sanddorn zu eher ausladenden Sträuchern oder Bäumen wachsen.

Neben dem Platzbedarf spielen bei der Auswahl der Arten natürlich noch weitere Faktoren eine Rolle, wie der Erntezeitpunkt (die Kamtschatka-Heckenkirsche fruchtet z. B. sehr früh) oder die Standortansprüche (Heidelbeeren brauchen z. B. einen sauren Boden). Überlegt euch also bei der Auswahl, was euch wichtig ist, und erkundigt euch dann nach den Standortansprüchen der jeweiligen Pflanzen.

September 2023

Montag
4

Dienstag
5

Mittwoch
6

Donnerstag
7

Freitag
8

Samstag
9

Sonntag
10

KW 37

Vorbereitung Untersaat/-pflanzung für KW 38

Gewächshaus: Eure Tomaten stehen bestimmt noch?! Trotzdem empfehlen wir, schon nächste Woche Feldsalat, Rucola und andere Leckereien im Gewächshaus unterzubringen. An manchen Stellen ist vielleicht schon genug Platz, sodass ihr Salate pflanzen oder Spinat säen könnt. Falls aber alles noch recht dicht bewachsen ist, könnt ihr die unteren Blätter bei den Tomaten entfernen. So entsteht auf dem Boden Platz, der für die Aussaaten und Pflanzungen genutzt werden kann. Später beim Abräumen der Tomatenpflanzen könnt ihr diese einfach direkt an der Erdoberfläche abschneiden und vorsichtig hinaustragen.

Freiland: Vielleicht sind eure Kürbisse noch nicht ganz erntereif. Um die Beetfläche aber auch im Herbst noch einmal zu nutzen, macht es trotzdem Sinn, schon bald im Kürbisbeet zu säen oder zu pflanzen.
- Erntet alle reifen Kürbisse (viele Sorten sind erntereif, sobald der Stiel anfängt, rissig und trocken zu werden).
- Entfernt alle Pflanzen, die keine oder nur noch ganz kleine Früchte haben, welche in diesem Jahr nicht mehr ausreifen werden.
- Falls ihr immer noch nicht genug Platz im Beet habt, könnt ihr ältere Blätter abschneiden. Sie sind um diese Jahreszeit meistens von Mehltau (Pilz) befallen und für das Wachstum der Früchte nicht mehr so wichtig.

Jetzt müsstet ihr genug Platz für die Pflanzungen und Aussaaten nächste Woche haben.

September 2023

Montag
11

Dienstag
12

Mittwoch
13

Donnerstag
14

Freitag
15

Samstag
16

Sonntag
17

KW 38

Ab in die letzte Runde

In dieser Woche steht die letzte große Gemüsepflanz- und -säaktion in diesem Jahr an. Da die Tage schon deutlich kürzer werden und die Nächte oft kühl sind, solltet ihr die Pflanzen ins Gewächshaus oder an eine Stelle im Freiland pflanzen, an der ihr bei Kälte einen Minitunnel aufbauen könnt. Ebenso wichtig ist aber auch, dass genügend Luft an euer Gemüse kommt, sonst machen sich schnell Schimmelpilze breit. Das heißt: Gewächshaus regelmäßig lüften, nicht zu viel gießen und den Bewuchs um die Minitunnel flachhalten, sodass der Wind eine Chance hat, die Pflänzchen abzutrocknen.

Gartenideen für diese Woche

Pflanzung	Art	Satz	Wie	Wo	Aussaat aus KW	Menge
	Salat (Winterkopfsalat)	4	30*30	D1+GH	35	10+15
	Asiasalat	1	25*10	D5	35	40
Direktsaat						
	Spinat	5	20*3	GH+D3+D4		2 m² + 2 m²
	Rucola	5	20*1	GH		2,5 m Reihe
	Feldsalat	5	15*2	GH		2 m²
	Asiasalat	2	20*5	GH		2,5 m Reihe
	Radieschen	5	15*1	GH		0,5 m²
	Buchweizen/Phazelia			D6+7		1 m² + 1 m²
	Postelein	1	20*2	D2+GH		1 m² + 1,5 m²

Gründüngungen: Auf freien Flächen könnt ihr eine Gründüngung säen. Bei manchen Kulturen geht das sogar als Untersaat, während ihr die Hauptkultur noch weiter erntet. Das empfehlen wir z. B. für D6 und D7 unter die Zucchini. Weitere Infos zu Gründüngungen gibt es auf S. 186.

September 2023

Montag
18

Dienstag
19

Weltkindertag (TH) | Mittwoch
20

Donnerstag
21

☾ | Freitag
22

Herbstanfang | Samstag
23

Sonntag
24

KW 39

Welche Obstsorte ist die richtige?

Von jeder Obstart gibt es unzählige und sehr verschiedene Sorten. Woher sollt ihr wissen, welches die richtige für euren Garten ist? Natürlich könnt ihr einfach eine Sorte pflanzen und abwarten, wie sie wächst. Aber bis ihr das herausfindet, kann eine Weile vergehen. Denn Obstbäume brauchen oft ein paar Jahre bis zur ersten Ernte und ihre Vitalität kann erst nach noch längeren Zeiträumen beurteilt werden. Daher solltet ihr gut überlegen, was zu euch und eurem Standort passt. Zunächst könnt ihr eure gärtnernden Nachbar*innen befragen, denn sie sind schließlich vertraut mit eurem Standort. Weitere Möglichkeiten sind die Beratung in einer Baumschule (KW 52) oder die Recherche von Sortenbeschreibungen (s. u.). Auch die Sortenempfehlungen unserer Autor*innen (S. 22, 154, 159) können euch weiterhelfen.

Wenn ihr fündig geworden seid, bedenkt die Wahl der richtigen Wurzelunterlage (S. 150, KW 13). Ein zwei Meter »kleiner« Spindelbusch trägt zwar schon ab dem zweiten Jahr, wird aber nur etwa 20 Jahre alt, braucht eine Stütze und muss bei Trockenheit unter Umständen gewässert werden. Ein acht Meter großer Hochstamm ist robust und kann über 100 Jahre alt werden; es dauert aber auch bis zu zehn Jahre, ehe er fruchtet und Pflege sowie Ernte sind aufwendig. Zwischen diesen beiden Größen gibt es viele Varianten, ihr findet sicherlich etwas Passendes!

Zum Weiterlesen:

Friedrich, G., Petzold, H. (2005): Handbuch Obstsorten. Ulmer Verlag.

Broschüren alter Obstsorten für verschiedene Regionen:
https://shop.pomologen-verein.de/Obstsorten-regional

Arche Noah Sortenbeschreibungen: www.arche-noah.at/sortenerhaltung/obst-und-obstsammlung/sortenbeschreibungen

Sortenfinder der Arche Noah und des Naturparks Obst-Hügel-Land:
www.meineobstsorte.at

Sortenfinder von ProSpecieRara: www.prospecierara.ch/pflanzen/sortenfinder.html

Obstsortendatenbank des BUND Lemgo: www.obstsortendatenbank.de

September/Oktober 2023

Montag
25

Dienstag
26

Mittwoch
27

Donnerstag
28

○ Freitag
29

Samstag
30

Sonntag
1

KW 40

Praxistipps für den Obstgarten

So langsam beginnt die Pflanzzeit. Ab Mitte Oktober können wurzelnackte, frostunempfindliche Obstarten in den Boden (S. 150 und tG 22, KW 46). Zu der Frage, wo ihr Obstbäume kaufen könnt, siehe KW 52. Wenn ihr Wühlmäuse im Garten habt, solltet ihr beim Pflanzen einen Wühlmausschutz mit eingraben (KW 49).

Denkt daran, gegebenenfalls auch Wildobst zu pflanzen, wie beispielsweise eine Kornelkirsche. Ihre wunderschöne, frühe Blüte stellt eines der ersten Pollenangebote im Frühjahr dar und ist damit eine wertvolle Nahrungsquelle für Insekten. Die Sträucher sind wenig anspruchsvoll und tragen im Sommer Vitamin-C-haltige Früchte, die sowohl frisch genascht (Achtung sauer!) als auch zu leckeren Marmeladen und Säften verarbeitet werden können.

Die Lagersorten von Birnen und Äpfeln solltet ihr an trockenen Tagen und vor den ersten Frösten ernten und einlagern (S. 153).

Oktober 2023

Montag
2

Tag der Deutschen Einheit

Dienstag
3

Mittwoch
4

Donnerstag
5

Freitag
6

Samstag
7

Sonntag
8

KW 41

Gemüsebeete winterfest machen

Nun ist es Zeit, euren Garten winterfest zu machen. Auf einigen eurer Beete wachsen womöglich schon Gründüngungen. Lebendiger Bewuchs ist für den Boden das Allerbeste – auch ein Bewuchs aus Beikräutern bildet einen wirksamen Schutz.

Alle unbewachsenen Beete sollten über den Winter abgedeckt werden, um Bodenerosion vorzubeugen. Hierfür bietet sich eine Mulchschicht oder Mulchfolie an. Besonders praktisch ist das für Flächen, auf denen ihr im nächsten Jahr die frühesten Sätze pflanzen oder säen wollt. So könnt ihr im März direkt starten und müsst nicht warten, bis es trocken genug ist.

Oktober 2023

Montag
9

Dienstag
10

Mittwoch
11

Donnerstag
12

Freitag
13

Samstag
14

Sonntag
15

KW 42

Obst auf dem Balkon

Auch auf dem Balkon könnt ihr Obst anbauen! Von Äpfeln, Zwetschgen oder Kirschen werden hierfür Säulenbäumchen angeboten. Diese Zwergformen wurden züchterisch stark bearbeitet und können in einem Kübel niemals so gesund und robust wachsen wie ein Baum im Garten. Doch wer Lust hat, sie auszuprobieren und keine Höchsterträge erwartet, kann damit durchaus Spaß haben. Wenn euer Balkon sehr sonnig ist, könnt ihr euch auch an Pfirsiche, Feigen oder Zitronen wagen.

Auch von vielen Beerenarten gibt es schwachwüchsige Sorten, die sich für den Anbau auf dem Balkon eignen. Eine weitere tolle Balkonpflanze ist Physalis (KW 19). Sie kann jedoch recht groß werden – wer hierfür nicht genug Platz hat, kann stattdessen die »kleine Schwester« Ananaskirsche wählen. Von dieser wachsen manche Sorten (genau wie auch Erdbeeren) sogar in kleineren Balkonkästen gut.

Achtet bei den Bäumchen und Büschen auf eine ausreichende Topfgröße (ab 20 Liter, je nach Sorte unterschiedlich). Für den Anbau von frostempfindlichen Arten braucht ihr einen frostfreien Überwinterungsplatz. Und denkt daran, Fremdbefruchter nur anzubauen, wenn in der näheren Umgebung weitere Pflanzen zur Bestäubung zu finden sind.

Gartenideen für diese Woche

Pflanzung	Art	Satz	Wie	Wo	Menge
	Knoblauch	1	25*10	C8	40

Kompost aufsetzen: Damit ihr im Frühling wieder reichlich Kompost zur Verfügung habt, bietet es sich an, jetzt einen Haufen aufzusetzen. Mit den passenden Ausgangsmaterialien ist dieser in der Regel pünktlich zum Saisonstart fertig.
Weitere Infos dazu gibt's im tG 22, S. 11.

Oktober 2023

Montag
16

Dienstag
17

Mittwoch
18

Donnerstag
19

Freitag
20

Samstag
21

Sonntag
22

Himbeeren für Sommer und Herbst

Bei Himbeeren wird zwischen Sommer- und Herbsthimbeeren unterschieden: Sommerhimbeeren tragen je nach Sorte im Juni und Juli an den einjährigen Ruten aus dem Vorjahr. Nach der Ernte können die abgeernteten Triebe am Boden abgeschnitten werden. Herbsthimbeeren tragen je nach Sorte von August bis Oktober im oberen Bereich des diesjährigen Triebes. Klassischerweise werden im Herbst alle Ruten abgeschnitten. Herbsthimbeeren können aber auch so geschnitten werden, dass sie zweimal im Jahr tragen. Dann wird bei den abgeernteten Ruten im Herbst nur das obere Drittel abgeschnitten. Im unteren Triebbereich bilden sich im nächsten Sommer Beeren und im Herbst gibt's Früchte an den neuen Ruten.

Himbeeren brauchen etwa 50 cm Abstand in der Reihe und müssen zusätzlich zum oben beschriebenen Schnitt ausgelichtet werden. Es gibt verschiedene Sorten in rot und gelb. Lasst euch am besten in einer Baumschule vor Ort beraten. Viel Freude beim Naschen!

Oktober 2023

Montag
23

Dienstag
24

Mittwoch
25

Donnerstag
26

Freitag
27

Samstag
28

Sommerzeitende

Sonntag
29

KW 44

Praxistipps für den Obstgarten

Frostempfindliche Arten wie Kiwis und Feigen freuen sich nun über einen Winterschutz, z. B. ein Jute-Vlies um den Stamm, eine Abdeckung des Wurzelbereichs mit Laub und Mulch oder einen Strohballen an der Nordseite der Pflanze.

Auch an sich frostunempfindliche Obstarten können einen Schutz im Winter gebrauchen: Der Temperaturunterschied zwischen gefrorenen Baumstämmen und winterlicher Sonneneinstrahlung führt häufig zu tiefen Frostrissen in der Rinde. Zur Vorbeugung könnt ihr die Baumstämme kalken oder mit Schilfrohrmatten einschlagen.

Jetzt könnt ihr Leimringe gegen Frostspanner um die Baumstämme legen (S. 153).

Oktober/November 2023

Montag
30

Reformationstag (BB, HB, HH, NI, MV, SN, ST, TH, SH)

Dienstag
31

Allerheiligen (BW, BY, NW, RP, SL)

Mittwoch
1

Donnerstag
2

Freitag
3

Samstag
4

Sonntag
5

KW 45

Wildes Obst

Auch in Wäldern und an Wegrändern gibt es eine Vielzahl an Obstvarianten zu entdecken: Von kleinen Himbeeren, Walderdbeeren, Brombeeren über Schlehen, Sanddorn, Blaubeeren und Hagebutten bis hin zu Kornelkirschen. Diese Obstvarianten wurden nur wenig züchterisch bearbeitet und wachsen teilweise wild. Sie können aber auch gezielt angebaut werden – z. B. in Hecken. Viele Wildfrüchte enthalten wertvolle Inhaltsstoffe und unterscheiden sich geschmacklich stark von Kultursorten. Es lohnt sich also, auf Entdeckungstour zu gehen. Dabei könnte dieser leckere Schlehenkuchen entstehen:

Schlehenkuchen

Für den Mürbeteig:
250 g Mehl, 1 Ei, 50 g Zucker, 125 g Butter, 1 Prise Salz

Für die Füllung
300 g Schlehenmus (Schlehen aufkochen und durch die Flotte Lotte drehen. Eigentlich werden Schlehen aus geschmacklichen Gründen erst nach dem ersten Frost geerntet; ihr könnt sie aber auch früher ernten und ins Gefrierfach packen), 150 g brauner Zucker, 1 TL Zimt, 2 TL Puddingpulver (Vanille), 100 g gemahlene Mandeln, 3 getrennte Eier

Zubereitung:
1. Aus den Zutaten für den Mürbeteig einen Teig kneten und diesen 30 min in den Kühlschrank stellen.

2. Schlehenmus, Zucker, Zimt, Puddingpulver, Mandeln und Eigelb verrühren.

3. Eiweiß steif schlagen und unter die Masse heben.

4. Teig in einer Springform auswellen und die Füllung in die Form geben. Alles 30 min bei 200 °C backen.

Nach dem Backen und Abkühlen wird der Kuchen etwa 1 cm dick mit einer Creme aus Quark, geschlagener Sahne, Zitronenschale und etwas Zucker bestrichen und z. B. mit Kornblumenblättern dekoriert.

November 2023

Montag
6

Dienstag
7

Mittwoch
8

Donnerstag
9

Freitag
10

Samstag
11

Sonntag
12

KW 46

Pfirsich & Co. mögen keine Temperaturschwankungen im Winter
Wir sprachen mit Jan Bade

Wer träumt nicht von Pfirsichen, Nektarinen und Aprikosen im Garten? Doch diese Arten brauchen viel Wärme zum Ausreifen (Weinbauklima) und vor allem scheinen sie Temperaturschwankungen im Winter nicht leiden zu können. Bei stabil kalten Temperaturen schaffen es viele Sorten über den Winter und tragen, sofern sie keine Spätfröste abbekommen, durchaus üppig. Doch das Auf und Ab – mal Minusgrade, dann Plusgrade für ein paar Tage, dann wieder starker Frost – lässt viele Bäume erfrieren oder zumindest jahrelang ohne Ertrag bleiben. In solch einem Klima gibt es nur bei wenigen Sorten und dann auch nur an geeigneten Standorten eine Aussicht auf regelmäßigen Erfolg. Am besten eignen sich Spaliere an westseitigen Wänden (s. KW 12).

November 2023

Montag
13

Dienstag
14

Mittwoch
15

Donnerstag
16

Freitag
17

Samstag
18

Sonntag
19

KW 47

Warum es im Supermarkt kaum Birnen zu kaufen gibt
Wir sprachen mit Jan Bade

Nicht nur die Anbaueigenschaften von verschiedenen Obstsorten und -arten entscheiden darüber, was in den Regalen unserer Supermärkte zu finden ist. Mindestens genauso wichtig sind Transport- sowie Lagerfähigkeit und die Frage, wie gut sich die Früchte ins industrielle System einfügen. Äpfel werden z. B. in Großkisten geerntet und dann mithilfe einer Wasserstraße in kleinere Einheiten verpackt. Die schwimmenden Früchte können so schonend und schnell für die Weitervermarktung aufbereitet werden. Für die schwereren Birnen funktioniert dieses System nicht. Sie sinken im Wasser nach unten und müssten händisch verpackt werden. Das passt nicht in die Logik heutiger Obstvermarktung und ist viel zu teuer. So sind die leckeren Schwergewichte zugunsten einiger weniger Apfelsorten weitgehend aus den Supermärkten verschwunden.

November 2023

Montag
20

Buß- und Bettag (SN)

Dienstag
21

Mittwoch
22

Donnerstag
23

Freitag
24

Samstag
25

Sonntag
26

KW 48

Was macht der Pomologen-Verein?

Die Pomologie ist die Obstbaumkunde, also die Beschäftigung mit Obstarten und -sorten. Im Pomologen-Verein e.V. haben sich im Jahr 1991 Obstbegeisterte zusammengeschlossen, um möglichst viele alte Obstsorten zu bestimmen, zu pflegen und zu erhalten. So möchte der Verein dazu beitragen, dass die noch vorhandene biologische Vielfalt im Bereich Obst nicht verloren geht. Die Streuobstwiesen sollen als Kulturlandschaften und Orte der Biodiversität erhalten bleiben und neu angelegt werden. Der Verein setzt sich dafür ein, dass das Erhalten alter Obstsorten als wichtige Aufgabe wahrgenommen wird.

Der Verein legt Sortengärten an, arbeitet mit Baumschulen zusammen, um auch seltene Sorten verfügbar zu machen, und testet neue Sorten im extensiven Streuobstanbau. Außerdem werden Exkursionen sowie Seminare zu Obstbaumschnitt und Sortenbestimmung angeboten. Im Onlineshop ist zudem eine spannende Literaturauswahl zu finden. Wer Fragen rund um den Obstgarten hat, wird im FAQ-Bereich der Internetseite fündig.

Zum Weiterlesen:
www.pomologen-verein.de

November/Dezember 2023

Montag
27

Dienstag
28

Mittwoch
29

Donnerstag
30

Freitag
1

Samstag
2

1. Advent

Sonntag
3

KW 49

Obstbäume vor Wühlmäusen schützen

Wühlmäuse lieben die Wurzeln von Obstbäumen. Insbesondere junge Bäume können durch den Verbiss ernsthaften Schaden davontragen und eingehen. Wenn ihr also Wühlmäuse im Garten habt, solltet ihr eure Bäumchen direkt beim Einpflanzen schützen. Dafür aus einem feinmaschigen, unverzinkten Draht (dieser zersetzt sich mit der Zeit) einen Korb biegen, der noch etwas Platz für die wachsenden Wurzeln bietet, nach oben offen ist und mindestens 30 cm über das Pflanzloch hinaussteht. Den Korb ins Pflanzloch stellen und den Baum hineinpflanzen (s. S. 150). Ist das Pflanzloch wieder mit Erde gefüllt, wird der überstehende Rest des Korbes zum Stamm hin geklappt und dort so befestigt, dass die Mäuse nicht von oben an die Wurzeln gelangen. Um den Stamm herum einen kleinen Abstand lassen, damit die Rinde nicht verletzt wird. Am Ende gebt ihr noch ein wenig Erde auf die Baumscheibe, um das Drahtgitter zu verdecken.

Leider ist unverzinkter Draht schwer erhältlich und wird in manchen Böden sehr schnell löchrig. Lasst euch in der Baumschule beraten, welcher Schutz für welche Sorte und euren Standort am besten passt.

Bei starkem Wühlmausdruck könnt ihr im Winter natürlich zusätzlich auch Fallen aufstellen.

Dezember 2023

Montag
4

Dienstag
5

Mittwoch
6

Donnerstag
7

Freitag
8

Samstag
9

2. Advent

Sonntag
10

KW 50

Wozu ist es wichtig, alte Obstsorten zu bestimmen?

Wir sprachen mit Jan Bade

Pomolog*innen, also Menschen, die sich mit Obstbaukunde beschäftigen, verbringen sehr viel Zeit mit der Bestimmung alter Obstsorten. Sie forschen in teils Hunderte Jahre alten Büchern nach Eigenschaften von Sorten, die heute als unbekannte Namenlose in der Landschaft stehen. Doch wozu ist es wichtig, die Sorten zu kennen? Reicht es nicht, die Früchte zu genießen?

Das Wissen über die Sorten ist mehr als nur ein Hobby. Wer eine Sorte kennt, kann in der Literatur nach ihren Eigenschaften suchen: Wächst diese Sorte gut auf lehmigem Boden, verträgt sie Trockenheit und für welche Art der Verarbeitung eignen sich die Früchte? Während man Letzteres auch innerhalb weniger Jahre selbst herausfinden kann, sind die Fragen nach der Standorteignung sehr viel komplexer. Obstbäume tragen erst nach einigen Jahren, sind schwer umzupflanzen und überleben uns Menschen teilweise um viele Jahre. So ist es – beispielsweise im Vergleich zu einer Gemüsesorte – sehr viel schwerer herauszubekommen, welcher Standort passend ist. Hier sind jahrzehnte- oder jahrhundertelange Beobachtungen unserer obstbauenden Vorfahren durchaus hilfreich. Insbesondere in Zeiten des Klimawandels wird es immer wichtiger zu wissen, welche Sorten robust sind und welche gar nicht erst in Betracht gezogen werden sollten.

Dezember 2023

Montag
11

Dienstag
12

Mittwoch
13

Donnerstag
14

Freitag
15

Samstag
16

3. Advent

Sonntag
17

KW 51

Lesetipp: Handbuch Bio-Obst. Sortenvielfalt erhalten. Ertragreich ernten. Natürlich genießen.
J. Maurer, B. Kajtna, A. Heistinger, Arche Noah.
Löwenzahn Verlag (2016)

Das Handbuch Bio-Obst hält, was es verspricht: Es bietet ein umfangreiches Grundlagenwissen rund um die Planung eines Obstgartens sowie die Pflege und Düngung als auch den Schnitt und die Vermehrung von Obstbäumen. Auch zur richtigen Lagerung und zur Konservierung des geernteten Obsts bekommt man umfassende Tipps. Wer Näheres zum Streuobstbau wissen möchte oder erste Kenntnisse in Pomologie gewinnen will, ist mit diesem Buch ebenfalls gut beraten. Und als i-Tüpfelchen gibt es außerdem Artenporträts mit vielen Bildern und Sortenbeschreibungen von Kern- und Steinobst sowie Beeren- und Wildobst – von der Ananas-Aprikose und dem Bergpfirsich bis zur Winterbirne und Zierquitte. Im Serviceteil findet sich zudem ein Arbeitskalender. Er hilft dabei, in jedem Monat an die anstehenden Tätigkeiten zu denken. Ein wundervolles Buch, um in die Obstvielfalt einzutauchen.

Dezember 2023

Montag
18

Dienstag
19

Mittwoch
20

Donnerstag
21

Winteranfang

Freitag
22

Samstag
23

4. Advent / Heiligabend

Sonntag
24

KW 52

Wo kann ich einen Obstbaum kaufen?

Grundsätzlich gilt: Kauft eure Bäumchen nicht im Baumarkt, sondern in einer Baumschule. Am besten in einer, die selbst Obstbäume zieht und diese nicht nur bei anderen Baumschulen zukauft. In der Regel können euch diese Baumschulen besser zu passenden Wurzelunterlagen und notwendigen Pflanzabständen beraten und darüber, wie lange es dauert, bis die Bäume anfangen zu tragen. An verschiedenen Orten könnt ihr euch dazu informieren, wo solche Baumschulen zu finden sind:

- Fragt beim Bund deutscher Baumschulen oder bei den Landwirtschaftsämtern bzw. Landwirtschaftskammern nach.
- Beim Landesverband für Obstbau, Garten und Landschaft Baden-Württemberg e.V. könnt ihr ein regionales Baumschulverzeichnis anfragen: www.logl-bw.de
- Der BUND Lemgo hat eine – sicher nicht vollständige – Liste von Baumschulen zusammengestellt, die auf alte Sorten spezialisiert sind: www.bund-lemgo.de/bezugsquellen-alte-obstsorten.html
Auf dieser auch sonst sehr umfassenden Internetseite findet ihr zudem eine Obstsortendatenbank mit Literatur und eine Fülle an Infos rund um den ökologischen Obstbau sowie zu Obstsortenbestimmung, Streuobstwiesen, Apfelallergien, Obstverarbeitung und vielem mehr.
- Beim NABU gibt es eine Liste mit Baumschulen, die Hochstammsorten anbieten: www.nabu.de/natur-und-landschaft/landnutzung/streuobst/service-und-adressen

Alte Sorten oder Lokalsorten sind jedoch nicht immer leicht zu finden. Wenn eine Sorte in den Baumschulen überhaupt nicht erhältlich ist, könnt ihr sortenechte Reiser zum Veredeln über das Erhalternetzwerk des Pomologen-Vereins e.V. beziehen (www.obstsortenerhalt.de).

Dezember 2023/Januar 2024

1. Weihnachtsfeiertag — Montag **25**

2. Weihnachtsfeiertag — Dienstag **26**

○ — Mittwoch **27**

Donnerstag **28**

Freitag **29**

Samstag **30**

Silvester — Sonntag **31**

Januar 2024

1	Mo	01	Neujahr
	Di	02	
	Mi	03	
	Do	04	
	Fr	05	
	Sa	06	Heilige Drei Könige (BW, BY, ST)
	So	**07**	
2	Mo	08	
	Di	09	
	Mi	10	
	Do	11	
	Fr	12	
	Sa	13	
	So	**14**	
3	Mo	15	
	Di	16	
	Mi	17	
	Do	18	
	Fr	19	
	Sa	20	
	So	**21**	
4	Mo	22	
	Di	23	
	Mi	24	
	Do	25	
	Fr	26	
	Sa	27	
	So	**28**	
5	Mo	29	
	Di	30	
	Mi	31	

Februar 2024

	Do	01	
	Fr	02	
	Sa	03	
	So	**04**	
6	Mo	05	
	Di	06	
	Mi	07	
	Do	08	
	Fr	09	
	Sa	10	
	So	**11**	
7	Mo	12	Rosenmontag
	Di	13	
	Mi	14	
	Do	15	
	Fr	16	
	Sa	17	
	So	**18**	
8	Mo	19	
	Di	20	
	Mi	21	
	Do	22	
	Fr	23	
	Sa	24	
	So	**25**	
9	Mo	26	
	Di	27	
	Mi	28	
	Do	29	

März 2024

	Fr	01	
	Sa	02	
	So	**03**	
10	Mo	04	
	Di	05	
	Mi	06	
	Do	07	
	Fr	08	Internationaler Frauentag (BE)
	Sa	09	
	So	**10**	
11	Mo	11	
	Di	12	
	Mi	13	
	Do	14	
	Fr	15	
	Sa	16	
	So	**17**	
12	Mo	18	
	Di	19	
	Mi	20	Frühlingsanfang
	Do	21	
	Fr	22	
	Sa	23	
	So	**24**	
13	Mo	25	
	Di	26	
	Mi	27	
	Do	28	
	Fr	29	Karfreitag
	Sa	30	
	So	**31**	Ostersonntag; Sommerzeitbeginn

April 2024

14	**Mo**	**01**	Ostermontag
	Di	02	
	Mi	03	
	Do	04	
	Fr	05	
	Sa	06	
	So	**07**	
15	Mo	08	
	Di	09	
	Mi	10	
	Do	11	
	Fr	12	
	Sa	13	
	So	**14**	
16	Mo	15	
	Di	16	
	Mi	17	
	Do	18	
	Fr	19	
	Sa	20	
	So	**21**	
17	Mo	22	
	Di	23	
	Mi	24	
	Do	25	
	Fr	26	
	Sa	27	
	So	**28**	
18	Mo	29	
	Di	30	

Mai 2024

	Mi	01	Tag der Arbeit
	Do	02	
	Fr	03	
	Sa	04	
	So	**05**	
19	Mo	06	
	Di	07	
	Mi	08	
	Do	**09**	Christi Himmelfahrt
	Fr	10	
	Sa	11	
	So	**12**	
20	Mo	13	
	Di	14	
	Mi	15	
	Do	16	
	Fr	17	
	Sa	18	
	So	**19**	Pfingstsonntag
21	**Mo**	**20**	Pfingstmontag
	Di	21	
	Mi	22	
	Do	23	
	Fr	24	
	Sa	25	
	So	**26**	
22	Mo	27	
	Di	28	
	Mi	29	
	Do	30	Fronleichnam (BW, BY, HE, NW, RP, SL)
	Fr	31	

Juni 2024

	Sa	01	
	So	**02**	
23	Mo	03	
	Di	04	
	Mi	05	
	Do	06	
	Fr	07	
	Sa	08	
	So	**09**	
24	Mo	10	
	Di	11	
	Mi	12	
	Do	13	
	Fr	14	
	Sa	15	
	So	**16**	
25	Mo	17	
	Di	18	
	Mi	19	
	Do	20	Sommeranfang
	Fr	21	
	Sa	22	
	So	**23**	
26	Mo	24	
	Di	25	
	Mi	26	
	Do	27	
	Fr	28	
	Sa	29	
	So	**30**	

Juli 2024

27	Mo	01
	Di	02
	Mi	03
	Do	04
	Fr	05
	Sa	06
	So	**07**
28	Mo	08
	Di	09
	Mi	10
	Do	11
	Fr	12
	Sa	13
	So	**14**
29	Mo	15
	Di	16
	Mi	17
	Do	18
	Fr	19
	Sa	20
	So	**21**
30	Mo	22
	Di	23
	Mi	24
	Do	25
	Fr	26
	Sa	27
	So	**28**
31	Mo	29
	Di	30
	Mi	31

August 2024

	Do	01	
	Fr	02	
	Sa	03	
	So	**04**	
32	Mo	05	
	Di	06	
	Mi	07	
	Do	08	
	Fr	09	
	Sa	10	
	So	**11**	
33	Mo	12	
	Di	13	
	Mi	14	
	Do	15	Mariä Himmelfahrt (BY, SL)
	Fr	16	
	Sa	17	
	So	**18**	
34	Mo	19	
	Di	20	
	Mi	21	
	Do	22	
	Fr	23	
	Sa	24	
	So	**25**	
35	Mo	26	
	Di	27	
	Mi	28	
	Do	29	
	Fr	30	
	Sa	31	

September 2024

	So	**01**	
36	Mo	02	
	Di	03	
	Mi	04	
	Do	05	
	Fr	06	
	Sa	07	
	So	**08**	
37	Mo	09	
	Di	10	
	Mi	11	
	Do	12	
	Fr	13	
	Sa	14	
	So	**15**	
38	Mo	16	
	Di	17	
	Mi	18	
	Do	19	
	Fr	20	Weltkindertag (TH)
	Sa	21	
	So	**22**	Herbstanfang
39	Mo	23	
	Di	24	
	Mi	25	
	Do	26	
	Fr	27	
	Sa	28	
	So	**29**	
40	Mo	30	

Oktober 2024

	Di	01	
	Mi	02	
	Do	**03**	Tag der Deutschen Einheit
	Fr	04	
	Sa	05	
	So	**06**	
41	Mo	07	
	Di	08	
	Mi	09	
	Do	10	
	Fr	11	
	Sa	12	
	So	**13**	
42	Mo	14	
	Di	15	
	Mi	16	
	Do	17	
	Fr	18	
	Sa	19	
	So	**20**	
43	Mo	21	
	Di	22	
	Mi	23	
	Do	24	
	Fr	25	
	Sa	26	
	So	**27**	Sommerzeitende
44	Mo	28	
	Di	29	
	Mi	30	
	Do	31	Reformationstag (BB, HB, HH, NI, MV, SN, ST, TH, SH)

November 2024

	Fr	01	Allerheiligen (BW, BY, NW, RP, SL)
	Sa	02	
	So	**03**	
45	Mo	04	
	Di	05	
	Mi	06	
	Do	07	
	Fr	08	
	Sa	09	
	So	**10**	
46	Mo	11	
	Di	12	
	Mi	13	
	Do	14	
	Fr	15	
	Sa	16	
	So	**17**	
47	Mo	18	
	Di	19	
	Mi	20	Buß- und Bettag (SN)
	Do	21	
	Fr	22	
	Sa	23	
	So	**24**	
48	Mo	25	
	Di	26	
	Mi	27	
	Do	28	
	Fr	29	
	Sa	30	

Dezember 2024

	So	**01**	1. Advent
49	Mo	02	
	Di	03	
	Mi	04	
	Do	05	
	Fr	06	
	Sa	07	
	So	**08**	2. Advent
50	Mo	09	
	Di	10	
	Mi	11	
	Do	12	
	Fr	13	
	Sa	14	
	So	**15**	3. Advent
51	Mo	16	
	Di	17	
	Mi	18	
	Do	19	
	Fr	20	
	Sa	21	Winteranfang
	So	**22**	4. Advent
52	Mo	23	
	Di	**24**	Heiligabend
	Mi	**25**	1. Weihnachtsfeiertag
	Do	**26**	2. Weihnachtsfeiertag
	Fr	27	
	Sa	28	
	So	**29**	
	Mo	30	
	Di	31	Silvester

Erste Schritte im Obstgarten

Matthias Ristel über die Grundlagen zu Sortenwahl, Pflanzung, Schnitt und Ernte

Matthias, was ist dein persönlicher Bezug zu Obst? Was begeistert dich? Warum beschäftigst du dich mit Obst?
Als Kind fand ich Apfelbäume in Hausgärten faszinierend, das Blütenmeer im Frühling, die Ernte im Herbst. Als Jugendlicher kam der Schnitt dazu. Später die Beschäftigung mit der Sortenvielfalt, den genetischen Zusammenhängen, die Sortenentwicklung, die Vermehrung ... Die Intensität des Pestizideinsatzes in der Tafelobstproduktion brachte mich zur Sortenwahl und -züchtung. Hier sehe ich sehr viel Potenzial, einerseits wieder mehr Vielfalt auf die Teller zu bringen, andererseits den hohen Arbeits- und Pestizidaufwand deutlich zu senken. Und ich esse sehr gerne Obst. Frisch oder als Apfelmus, Kuchen, Crumble, Pflaumen- oder Marillenklöße, Cidre – das finde ich alles super.

Wie entscheide ich denn, welche Arten und Sorten für mich und meinen Obstgarten passend sind?
Ich würde mir erst einmal Fragen stellen: Welche Obstarten esse ich am liebsten? Äpfel, Birnen, Steinobst oder Beerenobst? In welcher Verarbeitungsform? Was wächst davon in der Gegend?
Wenn dann klar wird, welche Arten von Interesse sind, gilt es darauf zu achten, pilzrobuste Sorten davon zu pflanzen. Diese sollten gestaffelt reifen. Den Schwerpunkt würde ich bei Lagersorten setzen. Beim Baumobst ist neben der Sorte auch die Wurzel (also Unterlage), auf die diese veredelt ist, von Bedeutung. Je stärker die Unterlage, desto mehr Platz brauchen die Bäume. Gerade in kleinen Selbstversorgungsgärten bin ich daher kein Fan von Apfel- und Birnbäumen auf stark wachsenden Unterlagen. Dann sind die Gärten schnell voll.

Gibt es Sorten oder Arten, die sich besonders gut für den Hausgarten eignen, aber oft vergessen werden?
Ja, beispielsweise Mirabellen. Diese stellen nach meinem Geschmack viele Pflaumen aromatisch in den Schatten, lassen sich ziemlich problemlos kultivieren und sind im Handel oft nicht besonders gut verfügbar. Die Früchte sind relativ klein und die Kisten werden bei der Ernte langsamer voll. Für den Handel sind Mirabellen im Vergleich zu Pflaumen recht weich und lassen sich nicht so gut lagern und transportieren. Genau richtig, um sie im eigenen Garten

zu ernten und zu genießen. Die Sorte *Mirabelle von Nancy* hat sich hierbei am stärksten durchgesetzt.

Gibt es Arten, die grundsätzlich besser an trockenen/warmen oder feuchten/kühleren Standorten tragen?

Ja. Für trocken/warme Standorte bieten sich Tafeltrauben, Feigen, Aprikosen, Renekloden und Pfirsiche an. Am besten veredelt auf möglichst starke Unterlagen, damit sie mit ihren Wurzeln auch an das Wasser in tieferen Bodenschichten kommen. Birnen mögen es zwar warm und sonnig, aber wollen auch genug Wasser und sind je nach Sorte sonnenbrandempfindlich. Bei zu trockenen Bedingungen haben die Birnen weniger Trieb, die Früchte bleiben kleiner und der Fall unreifer Früchte vor der Ernte (der sogenannte Vorerntefruchtfall) nimmt je nach Sorte zu. Ein Sprichwort sagt: »Hören die Birnen auf zu wachsen, lassen sie die Früchte fallen«.

Für feucht/kühlere Standorte sind Pflaumen gut geeignet, sie kommen sogar mit leicht staunassen Bedingungen zurecht. Kühle Standorte eignen sich auch für viele Äpfel.

Grundsätzlich gilt für die Standortwahl: Baumobst sollte sonnig und mit möglichst viel Abstand zu größeren Bäumen stehen. Das verbessert die Abtrocknung, reduziert so den Pilzbefall und erhöht die Qualität. Falls mehrere Obstbäume gepflanzt werden sollen, hilft es, (neben genügend Pflanzabstand) schwächer wachsende Unterlagen auszuwählen, sodass die Bäume sich nicht gegenseitig beschatten. Beerenobst fühlt sich in der Regel noch im Halbschatten wohl.

Kann ich für wärmeliebende Arten ein Kleinklima in meinem Garten schaffen?

Ja, beispielsweise mit einem Gerüst vor der Südhauswand. Tafeltrauben sind hier als Klassiker passend. In mildem Klima sind dort frosthärtere Feigensorten oder sogar Kakis einen Versuch wert. Aprikosen hingegen fühlen sich oft an West- oder gar Nordwestwänden wohler. Dort blühen sie nicht so früh wie an Südwänden und sind trotzdem vor kalten Ostwinden geschützt. Birnen eignen sich vor Hauswänden als Spalier und sehen hübsch aus.

Warum werden Obstbäume eigentlich veredelt?

Beim Veredeln werden ein Ast (Edelreis) der gewünschten Sorte und eine Wurzel mit gewünschten Eigenschaften verbunden. Die beiden Pflanzenteile wachsen dann zusammen. Das macht man, da die meisten Obstarten nicht sortenecht über ihre Samen vermehrt werden können: Sie sind in der Regel sogenannte Fremdbestäuber. Die Eigenschaften der beiden Elternsorten setzen sich in der nächsten Generation ganz unterschiedlich durch (KW 13). Ein sehr großer Teil der Aussaaten ist dabei qualitativ deutlich schlechter als die Sorte, von welcher der Kern bzw. Stein kam. Zudem ist das Veredeln bei den meisten Obstgehölzen deutlich einfacher als das Bewurzeln von Stecklingen.

Woher weiß ich, ob ich schwach oder stark wachsende Unterlagen brauche bzw. Nieder-, Halb- oder Hochstämme?
Im Prinzip gibt es Baumformen für (fast) jeden Garten, von sehr platzsparend bis sehr »ausufernd«. Die Unterlage hat die »Wurzelfunktion«, mit der eine bestimmte Wuchsstärke des Baumes ausgewählt werden kann. Die Entscheidung sollte von den Bedürfnissen abhängen: Möchte ich einen landschaftsprägenden Streuobstbaum für die Ästhetik oder den Naturschutz pflanzen, der sehr groß und alt werden kann (Hochstamm auf stark wachsender Unterlage)? Oder möchte ich einen Baum, der weniger Platz braucht und schon früher erste Erträge bringt (Nieder- oder Halbstamm auf schwach bis mittelstark wachsender Unterlage)?
Die Wahl der Baumform hängt auch davon ab, ob unter dem Baum Tiere weiden sollen und wenn ja, welche. Wenn keine Beweidung vorgesehen ist, können Niederstämme, also Bäume mit Fruchtästen ab 80 cm Höhe, genutzt werden. Die Obsternte geht so natürlich deutlich schneller als mit einer Leiter. In Jahren mit Spätfrostereignissen sind niedrige Äste jedoch leider oft genau die Baumpartien, an denen die Blüten oder Fruchtansätze erfrieren. Mikroklimatisch bleibt es weiter oben in Frostnächten in der Regel etwas milder.

Wann und wie pflanze ich?
Die Pflanzung erfolgt bestenfalls am Beginn des Winters, bei frostfreiem Wetter. Wenn das nicht klappt, kann bei frostfreiem Wetter bis ins späte Frühjahr hinein gepflanzt werden. Bei wurzelnackten Bäumen ist es wichtig, diese bis zur Pflanzung kühl und leicht feucht (beispielsweise in einem mäusesicheren Sand- oder Laubeinschlag) zu lagern. Direkt vor der Pflanzung ist es gut, sie bis zu einem Tag ins Wasser zu stellen. Bäume in Kübeln können prinzipiell das ganze Jahr gepflanzt werden.
Bei der Pflanzung sollte ein Pflanzloch ausgehoben werden, das etwas größer als der Wurzelballen ist. Die obersten humosen Zentimeter des Bodens kommen auf eine Seite des Pflanzlochs, der Unterboden auf die andere Seite. Wenn es

Wühlmäuse gibt, sollte ein Drahtkorb oder -netz in das Pflanzloch gelegt werden (KW 49).
Dann sollte ein Pfahl (z. B. aus Robinie) in das Pflanzloch geschlagen werden. Anschließend den Baum in das Pflanzloch stellen. Dabei muss darauf geachtet werden, dass die Veredelungsstelle mindestens zehn Zentimeter über dem Erdniveau sein sollte. Anschließend wird erst der Unter-, dann der Oberboden in das Loch geschaufelt. Ein leichtes Antreten ist sinnvoll, und wenn es nach der Pflanzung trocken bleibt, hat sich ein kräftiges Angießen bewährt. Das Mulchen der Baumscheibe hält den Boden schön feucht und spart Wasser nach der Pflanzung. Bei Trockenheit sollte in den ersten sowie in Dürrejahren gegossen werden. Zuletzt wird der Baum mit einer »Acht« an den Pfahl angebunden. Hierbei ist darauf zu achten, dass das Anbindematerial nicht einschneidet; im Naturschutzbereich wird gerne Kokosfaser verwendet. Eine leichte Düngung z. B. mit Kompost, bis der Baum die gewünschte Größe erreicht hat, ist förderlich für die Baumentwicklung, solange der Salzgehalt nicht zu hoch ist.
In dem Buch »Alte Obstsorten – neu entdeckt für Westfalen und Lippe« von Hans-Joachim Bannier gibt es viele gute Infos rund um die Pflanzung und zum Wühlmausschutz (Näheres zu dem Buch auf S. 21).

Warum sollten Obstbäume geschnitten werden?

Grundsätzlich möchte man mit dem Obstbaumschnitt erreichen, dass die Bäume gesund bleiben, regelmäßig tragen, die Früchte gleichmäßig in der Krone verteilt sind und die Krone nicht gestützt werden muss. Schnitte zu verschiedenen Jahreszeiten bezwecken Unterschiedliches:
Der Winterschnitt geht los, wenn die Blätter gefallen sind. Alle Schnittmaßnahmen bis zur Vollblüte gelten noch als Winterschnitt und sorgen dafür, dass die Bäume kräftiger wachsen. Wenn in den ersten Jahren eine stabile Krone aufgebaut werden soll, ist dies das wichtigste Ziel des Schnitts. Zudem wird über den Schnitt die Anzahl der Blütenknospen und somit der Ertrag reguliert, denn zu viele Früchte können Astbruch verursachen. Im besten Fall kann der Schnitt also für ein optimales Verhältnis von Blättern zu Früchten sorgen, sodass die Bäume schön ausgereifte Früchte tragen.
Damit der Baum genügend Blütenknospen für das nächste Jahr ausbilden kann, sollte er in diesem Jahr nicht zu viel Kraft in zu viele Blüten bzw. später Früchte

stecken müssen. Wenn ich also im Frühjahr in der Blüte sehe, dass ein Baum komplett »weiß« ist und somit in der Regel überreich blüht, darf ich schärfer schneiden, als wenn dieser nur sehr wenige oder keine Blütenknospen hat. Obstbäume wachsen im obersten Bereich der Krone am stärksten. Ab August kann dies mit dem Sommerschnitt ausgeglichen werden, indem Triebe aus dem oberen Kronenteil entfernt werden. So kommt mehr Licht bei den unteren Früchten an. Gut zu wissen ist hierbei, dass der Sommerschnitt das Wachstum des Baumes nicht so stark anregt wie der Winterschnitt. Bei starkem Augustschnitt kann es sogar dazu kommen, dass der Wuchs des Folgejahres gebremst wird, was in Hausgärten häufig gewünscht ist.

Wenn ein Baum gar nicht geschnitten wird, bekommen die unteren Kronenbereiche wenig Licht und wachsen fast gar nicht mehr. Sie werden mit der Zeit kahl und setzen Früchte an, die klein bleiben und nicht gut schmecken, die sogenannten Schattenfrüchte.

Aber beim Schneiden gibt es auch ein Zuviel! Daher sollte man sich vorher gut überlegen, was man möchte, sich ein wenig einlesen und nach den ersten selbst geschnittenen Bäumen gut beobachten, wie sie darauf reagieren. Als erste Lektüre eignet sich z. B. »Der professionelle Obstbaumschnitt« von Andreas Spornberger und Kolleg*innen. Soll eine Streuobstwiese gepflegt werden, ist die »Naturgemäße Kronenpflege am Obsthochstamm« von Hans-Thomas Bosch lesenswert. Zudem bieten viele Gartenvereine Schnittkurse an.

Wie kann ich Krankheits- und Schädlingsbefall vorbeugen?

Grundsätzlich gilt: Ein vielfältiger Garten bietet Lebensraum für natürliche Fressfeinde, die der ein oder anderen Made zu Leibe rücken, bevor sie sich zu stark ausbreiten kann. Des Weiteren sind gesunde Bäume widerstandsfähiger. Es hilft also, die Ernährung der Pflanze und der Bodenlebewesen im Blick zu haben. Zudem spielt natürlich die Wahl von zum Standort passenden Sorten eine große Rolle bei der Vorbeugung von Krankheiten.

Hier möchte ich nur beispielhaft auf zwei Schädlinge und eine Krankheit hinweisen: Natürliche Gegenspieler des Apfelwicklers (Obstmade) sind Hühner, die mit Genuss die Maden fressen (s. tG 2020, KW 38). Ansonsten hilft bei kleinkronigen Bäumen das frühzeitige und mehrmalige Absammeln der befallenen Früchte.

Anschließend müssen die Früchte und Larven in einem 24-stündigen Wasserbad vernichtet oder mechanisch zerstört werden. Die befallenen Früchte sollten nicht auf dem Kompost landen, da sich hier die Apfelwickler für die nächste Generation vermehren. Bei großkronigen Bäumen lohnt es sich, nach dem Ende der Blüte Wellpappringe um den Stamm zu legen. Diese sollten alle vier bis fünf Wochen kontrolliert werden. Wenn kleine, weiße Maden auf der Unterseite der Pappe kleben, diese am besten direkt verbrennen. Vorher könnt ihr noch nachsehen, ob sich auch Spinnen und andere Tierchen in der Pappe angesiedelt haben und wenn ja, diese vor dem Verbrennen verscheuchen. Danach wieder einen neuen Pappring anbringen; das kann bis Ernteende so fortgesetzt werden. Zu weiteren Möglichkeiten empfiehlt es sich, einen Kurs in »Sachkunde Pflanzenschutz« für den Hausgartenbereich zu besuchen.

Zur Vorbeugung eines Frostspannerbefalls können ab Ende August eng ansitzende Leimringe im unteren Bereich des Stammes angebracht werden. Diese hindern die Frostspannerweibchen (kleine flügellose Falter) daran, am Baum hochzuklettern, um ihre Eier abzulegen. In Jahren mit Frostspannerbefall können die Larven bei Kontrollen zur Austriebszeit im Frühjahr gefunden werden. Wenn dies der Fall ist, kann mit Mitteln wie Bacillus thuringiensis behandelt werden. Auch hier gilt, dass vor der Ausbringung von Pflanzenschutzmitteln erst der Sachkundenachweis erbracht werden muss.

Beim Obstbaumkrebs ist die Standort- und Sortenwahl entscheidend. Staunasse Bedingungen fördern den Krebsbefall sehr. Zur Vorbeugung sollte nur bei trockenem Wetter geschnitten werden.

Wie lagere ich meine Ernte?

Je nach Möglichkeit, Art und Sorte bietet sich oft bis in den beginnenden Winter das »Naturlager« an. Äpfel bevorzugen als Kühllager je nach Sorte eine Temperatur von zwei bis vier Grad. Birnen und Äpfel sollten getrennt gelagert werden, da Äpfel ein Reifegas ausdünsten. Birnen mögen es etwas kühler noch lieber – bis zu einem Grad Minus ist für sie optimal. Viele Keller sind leider zu warm und wenn dort die Heizungsrohre verlaufen, von der Luftfeuchtigkeit her zu trocken. Eher eignen sich Kisten im Freien, die mit Stroh oder Decken gegen Frost geschützt werden können. Klassisch wurde und wird Obst in Erdmieten, möglichst vor Mäusen geschützt, beispielsweise in alten Waschmaschinentrommeln gelagert.

Hast du Lieblingssorten?

Ja, jede Menge! Bei den Äpfeln bevorzuge ich als Frühsorte *Discovery*, als Herbstäpfel *Alkmene*, *Wanja* und *Holsteiner Cox*. Für den Lagerbereich *Finkenwerder Herbstprinz* oder *Glockenapfel*. Bei den Birnen mag ich als Frühsorte *Carmen*, als Herbstsorte *Conference* und als Lagersorten *Novembra* oder *Gerburg* gern.

Im Tafelapfelanbau sind gerade besonders knackige und saftige Sorten gesucht. Ich persönlich mag solch eine Textur auch, wichtiger sind mir allerdings die Aromen und das Süße-Säure-Verhältnis.

Gibt es eine kleine Lieblingsgeschichte, die du zum Abschluss erzählen möchtest?

Eine Geschichte, auf die ich etwas stolz bin, ist die Entstehung von *Wanja* (S. 157). Bernd Hagge-Nissen, heute aktiv im apfel:gut e.V., kartierte Ende der 1990er-Jahre eine Obstbaufläche unweit des ehemaligen Züchtungsinstituts Müncheberg in Brandenburg. Die Kerne der Früchte, die ihm dort besonders gut schmeckten, säte er aus. Die daraus wachsenden Bäume zogen zwei Mal mit ihm und Inde Sattler um, bis sie in Schleswig-Holstein 2003 als Windschutzhecke gepflanzt wurden. Beim Pflanzen merkte er, dass der Platz nicht reicht und somit wurde der Pflanzabstand der mehreren Hundert Bäume immer enger. 2011 gaben sie die Hecke in das apfel:gut-Projekt, und ich kam erstmals auf ihren Betrieb, das »Apfelschiff«. Ich habe die vielen, teilweise extrem dichten Bäume systematisch durchnummeriert, über mehrere Jahre beobachtet und anschließend selektiert. Damals hieß *Wanja* noch »232«, da es der 232. Sämling in der Hecke war. 2013 fiel er uns mit seinem rustikalen Äußeren, seiner kräftigen Süße und Säure und einem besonderen Aroma sehr positiv auf. Seitdem vermehren und testen wir *Wanja*. Die Bäume bescheren uns viel Freude und sind inzwischen auch für den Hausgarten bestellbar (s.u.).

Vielen Dank dir, Matthias!

Zum Weiterlesen:

Bannier, H.-J. (2021): Alte Obstsorten – neu entdeckt für Westfalen und Lippe. Erhältlich über die Biologische Station Ravensberg, Tel. 05223-78250, info@bshf.de.

Bosch, H.-T. (2016): Naturgemäße Kronenpflege am Obsthochstamm. Kompetenzzentrum Obstbau Bodensee.

Spornberger, A. et al. (2020): Der professionelle Obstbaumschnitt. Stocker.

Baumschulen, bei denen Bäumchen der Sorte Wanja verkauft werden:

Baumschule Bartsch in Eggersdorf bei Müncheberg: mathias.bartsch.eggersdorf@web.de

Bioland Baumschule Pflanzlust: https://biobaumversand.de

Baumschule Ritthaler: https://shop.baumschuleritthaler.de

Bio Baumschule Andreas Mauk (für Bäume in größerer Stückzahl): https://biohofmauk.wordpress.com

apfel:gut e.V.
Hier geht's um ökologische Kernobstzüchtung
von Inde Sattler

Vor gut zehn Jahren hat sich eine Gruppe auf den Weg gemacht und den apfel:gut e.V. gegründet, um neue Apfel- und Birnensorten für den ökologischen Obstbau zu züchten. Ziel ist es, die Züchtung wieder in die eigene Hand zu nehmen und auf die Höfe zu holen. Mit von der Partie: Obstbäuer*innen, ein Pomologe, ein Berater und ein Student. Inzwischen ist apfel:gut ein gemeinnütziger Verein, bestehend aus zwölf aktiven Menschen mit zehn apfel:gut Zuchtgärten. Wir arbeiten partizipativ und besprechen gemeinsam Kreuzungspläne, Selektionsergebnisse und Öffentlichkeitsarbeit.

Warum ökologische Obstzüchtung?

Die modernen Tafelobstsorten sind sehr krankheitsanfällig, basierend auf einer jahrzehntelangen Inzucht (S. 15). Gleichwohl versprechen Wissenschaftler*innen, mittels Eingriffen ins Genom schadpilzresistente Apfelsorten herzustellen. Wir aber sagen Nein zu Agrogentechnik, Nein zu den Methoden der Cis-Gentechnik, CRISPR/Cas und Co. Diese Methoden sind mit den Grundprinzipien des Ökolandbaus nicht vereinbar. Organisch biologische Pflanzenzüchtung hingegen fördert die genetische Diversität und stützt sich auf die natürliche Reproduktivität der Pflanze. Sie hat einen ganzheitlichen Ansatz und respektiert die natürlichen Kreuzungsbarrieren. Im Züchtungsprozess gilt die besondere Aufmerksamkeit den Beziehungen der Pflanzen zum Boden, zur Umwelt und zu den Menschen.

Unser Vorgehen

Wir setzen auf die dauerhafte Robustheit alter Apfel- und Birnensorten und kreuzen diese in unserem Zuchtprogramm mit modernen Sorten.

Bei der klassischen Kreuzungszüchtung möchten wir sicherstellen, dass die Apfelblüte einer bestimmten Sorte (»Mutter«) mit dem Pollen einer anderen, von uns auserkorenen Sorte (»Vater«) bestäubt wird. Dazu bringen wir mit dem Pinsel den getrockneten Pollen auf die Blüten auf. Die aus dieser Bestäubung hervorgehenden Früchte werden gekennzeichnet, um im Herbst aus ihnen die Samen zu entnehmen.

Die Kerne brauchen einen Kältereiz, um zu keimen. Wir säen sie im Januar in kleinen Töpfen draußen aus. Aus jedem Kern entsteht etwas Neues, noch nie

Dagewesenes. Das heißt, auch die drei oder fünf Kerne derselben Apfelfrucht haben zwar dieselbe Mutter und denselben Vater, können aber dennoch völlig unterschiedlich ausfallen (KW 13).

Ab Ende Mai werden die so vorgezogenen Sämlinge auf die Zuchtgärten der beteiligten Bioland- und Demeter-Obsthöfe in ganz Deutschland verteilt. Unterstützt von unseren mobilen Züchter*innen werden sie in dieser Zeit bereits auf ihre Blattgesundheit bonitiert. Das Besondere: Die Sämlinge gedeihen unter den unterschiedlichen Standortbedingungen ohne Einsatz von Pflanzenschutz, erleben allein bis zum Fruchten fünf bis acht Jahre lang die unterschiedlichen Witterungsbedingungen und Klimaschwankungen. In der Zeit beobachten wir die jungen Pflanzen genau: Alle, bei denen schon zu viele Anzeichen der Pilzkrankheiten zu sehen sind, wie z. B. Apfelschorf, Obstbaumkrebs, Mehltau oder Elsinoe, werden negativ selektiert. So bleiben von 100 Geschwistern einer Kreuzung etwa 10 bis 25 aufgrund ihrer Blattgesundheit und Wüchsigkeit übrig und kommen zum Fruchten. Nun zählen in der Selektion die Gesundheit der Früchte und natürlich der Geschmack, die Bissfestigkeit und auch die Lagerfähigkeit. In einer weiteren Prüfstufe werden ausgewählte Zuchtnummern (Selektionen) auf schwach bzw. mittelstark wachsenden Unterlagen veredelt und vermehrt. Innerhalb von etwa fünf Jahren werden sie unter anderem auf Ertrag, Fruchtgröße und Lagerfähigkeit geprüft.

Unsere ersten Erfolge

Vom Kreuzen bis zur Marktfähigkeit einer Sorte dauert es in der Regel 20 Jahre. Wir sind erst bei der Halbzeit angekommen und haben schon erste Erfolge erzielt. So meldeten wir eine Amateursorte an, die bisher über vier Baumschulen zu beziehen ist: *Wanja*, aus der *Goldparmäne* entstanden, ein kräftig süß-säuerlicher Herbstapfel, gelb- mit orangem Hauch und leicht berostet, geeignet auch für den Hausgarten (S. 154 f.). In engerer Auswahl sind des Weiteren zwei Birnen-Selektionen und eine rote, sehr aromatische Apfelzuchtnummer, die aus einer Kreuzung mit dem *Seestermüher Zitronenapfel* entstanden ist.

Wir setzen mit unserer Züchtung auf die Weiterentwicklung einer Obstsortenvielfalt mit einer breiten genetischen Basis. So fördern wir mit unserer Züchtung eine Biodiversität, die auch für künftige Generationen und eine zukunftsfähige Züchtung wichtig ist.

Weitere Infos:
www.apfel-gut.org

Göttinger Streuobst-Solawi
Kati Bohner sprach mit der Gründerin Sonja Biewer

Streuobstwiesen sind ein wertvoller Lebens- und Rückzugsraum für unzählige Pflanzenarten sowie Insekten, Vögel und viele andere Tiere. Bei Wiesen mit einem alten Baumbestand stößt man zudem auf alte Obstsorten, die teilweise selten geworden sind. Doch auch bei neu angelegten Wiesen werden häufig alte Sorten gepflanzt, um diese zu erhalten. In der Regel werden Hochstämme auf stark wachsenden Unterlagen gepflanzt – teilweise auch Halbstämme. Diese Bäume werden viele Meter hoch und manche Arten können mehrere Hundert Jahre alt werden. So entstehen wunderbare Orte mit hoher Bedeutung für die biologische Vielfalt.

Leider ist die Ernte aufgrund von Baumhöhe und Kronenumfang sehr aufwendig. Viele alte Sorten entsprechen zudem nicht den heutigen Vermarktungsstandards, sodass das Streuobst oft kaum verwertet wird. Obst für die Vermarktung wird heute eigentlich ausschließlich in Plantagen angebaut und wächst auf niedrigen Bäumchen, die einem hohen Krankheitsdruck ausgesetzt sind. Verglichen mit den Hochstämmen haben sie eine sehr kurze Lebensdauer (S. 11). Hier knüpft die Göttinger Streuobst-Solawi an (Erklärung des Solawi-Konzepts siehe unten). Gründerin Sonja Biewer setzt sich gemeinsam mit ihren Mitstreiter*innen dafür ein, dass auch das Obst der Streuobstwiesen genutzt und vermarktet wird. Hierfür arbeitet die Solawi eng mit dem Landschaftspflegeverband zusammen, dessen Sortengärten sie in Teilen beernten darf. Sonja schwärmt von den unzähligen Kirschsorten und erzählt von der Freude der Mitglieder über die enorme Vielfalt: »Besonders die Birnen und Pflaumenartigen haben begeistert.«

Zunächst hatte Sonja versucht, die Ernte aus den Sortengärten klassisch zu vermarkten. Das stellte sich jedoch als aufwendig und schwierig heraus. So entstand die Idee, eine Obst-Solawi zu gründen. 2019 ging es mit 40 Anteilen und Lieferungen von Juni bis Weihnachten los. 2021 hatte die Solawi dann 70 Anteile und bewirtschaftete etwa ein Hektar Sortengarten. Ein gutes Netzwerk ermöglicht, dass je nach Jahr noch weitere Bäume von Streuobstwiesen in der Umgebung abgeerntet werden dürfen. Sonja betont die guten Ausgangsbedingungen der Solawi, da ein Teil der Wiesen- und Baumpflege über die Ausgleichsmaßnahmen finanziert werden. Vielleicht wird die Solawi noch wachsen, »rund 200 Anteile wären ideal.« Gelagert werden Äpfel und Birnen bis in den Winter hinein in einem Naturlager. Je wärmer der Winter, desto geringer ist dort allerdings die Haltbarkeit. Im Kontext des Klimawandels ist das eine große Herausforderung, falls zukünftig noch länger – also bis Januar oder Februar – geliefert werden soll.

Vielfalt ist Sonjas großes Anliegen, denn eines ist klar: Die moderne Obstzüchtung ist viel zu einseitig. »Es geht nur um schöne, große und transportfähige Früchte. Besonders für den Privatgebrauch eignen sich viele alte Sorten sehr gut, weil bei ihnen oft nicht alle Früchte gleichzeitig reif werden und so über einen viel längeren Zeitraum geerntet werden kann. Außerdem sind viele alte Sorten auch für Allergiker*innen verträglich. Wir müssen diese genetische Vielfalt unbedingt erhalten.« Besonders überzeugend fand Sonja in den letzten Jahren die Mirabelle *Flotows*, die Reneklode *Oullins* und die Birne *Frühe aus Trevoux*.

Kontakt und weitere Infos:
www.sobsternte.de; info@sobsternte.de

Das Konzept der Solidarischen Landwirtschaft (Solawi)
ist besonders im Bereich Gemüseanbau bekannt. Teilweise gibt es auch Gemischtbetriebe mit landwirtschaftlichen Produkten wie Milch, Fleisch oder Getreide. Die grundlegende Idee ist, dass mehrere private Haushalte die Kosten des landwirtschaftlichen Betriebs tragen und im Gegenzug den Ernteertrag erhalten. Bei den meisten Solawis gibt es keinen festen Beitragssatz sondern einen Richtwert, sodass alle Haushalte nach ihren Möglichkeiten beitragen können (solange der Gesamtbetrag erreicht wird). Auch Anbaufreuden und -risiken werden geteilt: In Jahren mit einer großen Ernte gibt es mehr zu verteilen. Sollten jedoch Trockenheit, Hagel oder Starkregen die Ernte reduzieren, erhalten alle weniger. So tragen die Produzierenden dieses Risiko nicht alleine. Zunehmend wird dieses Prinzip auch auf andere Bereiche übertragen – sei es als Obst-Solawi oder als solidarisch organisierter Fahrradladen.

Fruchtgemüse aus dem Gewächshaus
von Kati Bohner

Manche Tomaten sind so süß, dass sie eher an Obst oder Beeren erinnern als an Gemüse. Und auch bei Kirschpaprika oder Physalis ist nicht immer klar, ob es sich um Obst oder Gemüse handelt. An manchen Stellen heißt es, dass mit Fruchtgemüse die Früchte von einjährigen Pflanzen gemeint sind, wohingegen Obst von mehrjährigen Pflanzen stammt – andere machen die Unterscheidung vom Zuckergehalt abhängig. Wie dem auch sei: Es gibt jedenfalls ein reizvolles Sortiment an tollen »Früchten«, die im Gemüsegarten geerntet werden können, und wir wollen euch in diesem Artikel einen allgemeinen Einblick in den Fruchtgemüseanbau im Gewächshaus geben. Für den taschenGARTEN 2022 haben wir bereits einen Gewächshausplan erarbeitet, den wir für dieses Jahr weiter konkretisieren. Dabei konzentrieren wir uns auf die Sommerbepflanzung, denn Fruchtgemüse sind in der Regel Sommerkulturen.

Warum ein Gewächshaus von Vorteil ist
Tomaten, Auberginen, Gurken, Melonen, Paprika … all diese Pflanzen mögen warme und geschützte Orte. In manchen Sommern reifen zwar auch in Mitteleuropa besonders wärmebedürftige Paprika und Melonen im Freiland aus, doch selbst in warmen Jahren ist der Ertrag im Gewächshaus einfach besser. Bei Tomaten, Gurken und Melonen kommt dazu, dass sie ohne Regenschutz häufig Pilzkrankheiten zum Opfer fallen. Regenschutz und Wärme: Das geht im Sommer auch wunderbar an einer warmen Hauswand unter einem Dachvorsprung. Und als Regenschutz für Tomaten reicht durchaus ein einfaches, lichtdurchlässiges Dach ohne oder mit halbhohen Seitenwänden. Doch ein »echtes Gewächshaus« bietet noch mehr Möglichkeiten. Gezieltes Öffnen und Schließen der Lüftungen ermöglichen eine bessere Wärmeausbeute und Nutzung rund ums Jahr. Im Frühling, Herbst und Winter wachsen dann zwar keine Fruchtgemüse, dafür aber Feldsalat, Rucola, Spinat, Kohlrabi, Pak Choi und vieles mehr. Deshalb beschreiben wir auf den nächsten Seiten den Sommeranbau im Gewächshaus – vieles ist auch auf den Anbau an einer Hauswand oder unter einem Dach übertragbar. Die meisten Grundlagen gelten für alle genannten Fruchtgemüse. Details zu den einzelnen Kulturen findet ihr teilweise in den taschenGÄRTEN der vergangenen Jahre und auch in den Literaturtipps (siehe unten).

Vor allem Tomaten, Paprika und Auberginen lassen sich auch sehr gut in großen Töpfen anbauen. Wann immer möglich, bevorzugen wir aber den Anbau im Beet. Denn nur im Beet kann der Boden über einen langen Zeitraum so kultiviert werden, dass er sich lebendig entwickeln kann (vgl. S. 7 u. Heistinger 2013).

Tipps für den Gewächshausbau oder -kauf

Unabhängig davon, ob ihr ein Gewächshaus bauen oder kaufen wollt, solltet ihr euch vorab darüber Gedanken machen, welche Eigenschaften euer Gewächshaus braucht und wo ihr es platzieren wollt. Leider sind viele erhältliche Modelle nicht besonders passend konstruiert und auch beim Selberbauen sollte einiges bedacht werden. Hier ein paar Tipps für ein Gewächshaus zur Ganzjahresnutzung:

Langlebigkeit und Material: Aus ökologischen und praktischen Gründen sollte ein Gewächshaus so gebaut sein, dass es möglichst viele Jahre hält. Klassischerweise kommen Glas oder Gewächshausfolie zum Einsatz. Glas ist besonders langlebig, bedarf aber aufgrund des hohen Gewichtes einer sehr stabilen Konstruktion und ist anspruchsvoller bei der Verarbeitung. Entscheidet ihr euch für Plastik, solltet ihr eine UV5-zertifizierte Gewächshausfolie wählen. Diese Profifolien sind lange UV-beständig und bei richtiger Verarbeitung sehr reißfest. Bedenkt bei der Konstruktion bzw. der Wahl des Modells auch, dass euer Gewächshaus im Winter eventuell große Schneelasten aushalten muss.

Standort: Ideal ist ein Standort mit möglichst viel Sonne. Bei guter Lüftung (siehe unten) ist Sonne auch an heißen Tagen kein Problem und an kälteren Tagen heizt sie ein Gewächshaus schnell auf, sodass die Vorzüge gegenüber dem Freilandanbau voll zur Geltung kommen. Gewächshäuser können auch vor Mauern oder Hauswänden gebaut werden, sodass eine wärmeabstrahlende Rückwand integriert ist (s. Lorenz-Ladener 2012).

Lüftung: Da sich Gewächshäuser in der Sonne schnell aufheizen und sich Feuchtigkeit oft staut, müssen sie gut gelüftet werden können. Besonders gut sind Dachlüftungen kombiniert mit Lüftungen über die Seite. Im Sommer kann ein Gewächshaus an der Seite dauerhaft offen bleiben, im Frühling, Herbst und Winter hilft es, wenn Türen und Fenster mindestens nachts gut geschlossen werden. Doch auch wenn es kalt ist, ist tägliches Lüften zur Vorbeugung vor Pilzkrankheiten wichtig.

Höhe: Es ist angenehm, wenn das Gewächshaus hoch genug ist, um darin aufrecht gehen zu können. Zudem überhitzt es dadurch im Sommer nicht so schnell.

Für den Hausgarten sind 2,5 m Höhe sehr komfortabel. Doch auch mit 1,8 m Höhe kann der Gewächshausanbau gut gelingen.

Größe: Wir empfehlen für einen kleinen Haushalt in der Anbauplanung 8 m² Anbaufläche. Je nach bevorzugten Arten, Sorten und Anbauweisen können darauf knapp 30 Tomaten, Auberginen, Paprika etc. angebaut werden. Mit Wegen ergeben sich je nach Modell rund 10 m² Gesamtfläche. Falls ihr viel Platz habt und große Gewächshausfans seid, kann das Gewächshaus natürlich auch größer sein. Und auch kleinere Modelle sind möglich. Hier muss allerdings besonders auf gute Lüftung geachtet werden.

Ausstattung

Spanndrähte: Im professionellen Anbau werden Tomaten und Co. an Schnüren befestigt, die von oben herab hängen. Hierfür werden sogenannte Spanndrähte im Gewächshaus eingezogen. Schnüre haben gegenüber Stangen den Vorteil, dass z. B. Tomaten »gelayert« werden können (s. S. 166).

Tröpfchenbewässerung: Im Gewächshaus muss gegossen werden. Wer es komfortabel möchte, kann eine Tröpfchenbewässerung nutzen. Diese ist wassersparend, leicht zu bedienen und erzeugt kein Spritzwasser (s. KW 29).

Wassertonne: Eine Wassertonne im Gewächshaus ist praktisch. Dann sind die Wege kurz und das Wasser erwärmt sich mit. Die Wärme wird nachts wieder abgegeben und warmes Gießwasser kommt bei Tomaten, Gurken und Co. immer gut an.

Mini-Max-Thermometer: Diese Thermometer zeigen die minimale und maximale Temperatur in einem bestimmten Zeitraum an und verraten euch damit den Tiefpunkt in der Nacht und die Spitze am Tag.

Der Anbau im Gewächshaus

Düngung und Bodenfruchtbarkeit: All die genannten Fruchtgemüse haben eine lange Standzeit und sollten dauerhaft mit ausreichend Nährstoffen versorgt sein. Ob (und wenn ja wie viel) gedüngt werden muss, hängt vom Zustand und Nährstoffgehalt des Bodens ab.

Zunächst macht es Sinn, den pH-Wert des Bodens zu überprüfen. Denn nur bei einem pH-Wert im neutralen Bereich können die vorhandenen Nährstoffe optimal umgesetzt werden.

Auf Böden mit einem niedrigen bis mäßigen Humus- und mittlerem Nährstoffgehalt bringen wir im Gewächshaus vor der Pflanzung 10 bis 15 Liter reifen Kompost aus, legen darüber eine dünne Schicht Schafwolle und decken dann alles mit frischem Rasenschnitt als Mulchmaterial ab. Der Kompost verbessert die Bodenstruktur und reichert den Boden mikrobiell an. Die Schafwolle dient als Langzeitdünger und der Rasenschnitt sorgt dafür, dass Boden und Wolle feucht bleiben und so die vorhandenen Nährstoffe auch umgesetzt werden können. Darüber hinaus liefert der Rasenschnitt zusätzliche Nährstoffe. Bei einem solchen Düngekonzept ist es wichtig, dass ihr regelmäßig flächig gießt, sodass die ganze Bodenoberfläche nass wird (vgl. auch unten »Wasser im Gewächshaus«). Ein aktives Bodenleben braucht Feuchtigkeit, um arbeiten zu können. Falls ihr keine Schafwolle zur Verfügung habt, könnt ihr sie auch weglassen und stattdessen bei Bedarf im Sommer mit Pflanzenjauchen nachdüngen. Und sollten trotz Schafwolle die Nährstoffe nicht ausreichen, sind Pflanzenjauchen ebenfalls gut zum Nachdüngen geeignet.

Vor allem wer keine Bodenproben genommen hat, sollte beim Düngen vorsichtig vorgehen. Es ist viel leichter nachzudüngen, als überschüssige Nährstoffe wieder wegzunehmen. Nicht nur Nährstoffmangel ist schlecht für das Wachstum, auch Nährstoffüberschüsse schaden. Beim Fruchtgemüse führt eine zu reichliche Stickstoffdüngung beispielsweise dazu, dass überwiegend Blätter und nur wenige Früchte gebildet werden, die Pflanzen also im vegetativen Wachstum verharren. Außerdem haben Pflanzen, die mit zu viel Stickstoff gedüngt wurden, weiche Zellen und sind anfälliger für Krankheiten und Schädlinge. Zudem kann überschüssiger Stickstoff als Nitrat ins Grundwasser ausgeschwemmt werden.

In reifem Kompost, Schafwolle und Rasenschnitt liegen die Nährstoffe in gebundener Form vor und müssen erst vom Bodenleben so umgebaut werden, dass die Pflanzen sie aufnehmen können. So ist die Gefahr der Überdüngung gering. Habt ihr nur frischen Kompost zur Verfügung, solltet ihr die Kompostmenge reduzieren, um einer Überdüngung vorzubeugen.

Insgesamt gilt beim Thema Düngen: Organisches Material sollte nie tief verscharrt, sondern immer oberflächlich verteilt werden. Zur Umsetzung braucht es nämlich Sauerstoff, und der ist in tieferen Bodenschichten rar. Wird Kompost, Mist oder Grünzeug vergraben, wird dem Boden Sauerstoff entzogen, der dann wiederum den Wurzeln und Bodenlebewesen fehlt. Bei Sauerstoffmangel können sich zudem anaerobe Bakterien ausbreiten. Das heißt: In Pflanzlöcher gehören keine Brennnesselblätter oder Ähnliches. Auch Kompost etc. sollte nicht in den Boden eingefräst, gepflügt oder vergraben werden – auch wenn diese Tipps sehr verbreitet sind.

Wasser im Gewächshaus: Da es im Gewächshaus nicht regnet, kommt dem Thema Bewässerung eine besonders zentrale Rolle zu. Denn natürlich brauchen Pflanzen und Bodenleben Wasser. Gleichzeitig kann zu viel Feuchtigkeit auch den Befall der Pflanzen mit Pilzen begünstigen – vor allem da sich im Gewächshaus die Feuchtigkeit leicht staut.

Wir nutzen in den Gewächshäusern ein- bis zweimal pro Woche eine Tröpfchenbewässerung, die, unter Mulch verlegt, Wasser gezielt an die Wurzeln der Pflanzen bringt. Zusätzlich achten wir darauf, dass der gesamte Boden in den Beeten feucht bleibt, sodass das Bodenleben sich gesund entwickeln kann und Nährstoffe umgesetzt werden können. Das erreichen wir über gelegentliches flächiges Gießen mit der Gießkanne. Insgesamt ist es ratsam, vormittags zu gießen, sodass das Wasser vor der Nacht wieder abtrocknen kann. Wichtig ist, dass kein Spritzwasser vom Boden an die Blätter gelangt. Mit dem Spritzwasser werden nämlich häufig Krankheitserreger (z. B. Krautfäule, s. KW 29) aus dem Boden auf die Blätter transportiert.

Selbstverständlich kann auch die komplette Wasserversorgung mit einer Gießkanne erfolgen. Um die Gefahr der Übertragung von Krankheiten durch das Spritzwasser zu reduzieren, können bei den Tomaten kleine Blumentöpfe eingebuddelt werden. Werden sie mit Wasser gefüllt, gelangt es sehr gezielt an die Wurzeln.

Bei den Kürbisgewächsen gibt es eine Besonderheit: Gurken und Melonen sind ausgesprochene Flachwurzler. Sie danken es euch, wenn ihr den Boden im Umkreis von einem Quadratmeter feucht haltet. Hier sind die Mulchschicht und flächiges Gießen besonders willkommen.

Unkraut im Gewächshaus: An vielen Stellen im Garten ist es nicht so schlimm, wenn zwischen den Gemüsepflanzen auch etwas Melde, Franzosenkraut oder Spitzwegerich wachsen. Vorausgesetzt natürlich, die »Hauptkultur« hat trotzdem genug Licht und Luft zum Wachsen. Der zusätzliche Bewuchs verbessert oft sogar die Bodenfruchtbarkeit und schafft Lebensräume für allerhand Insekten und andere kleine Lebewesen.

Im Gewächshaus hingegen achten wir ziemlich penibel darauf, dass hier neben unseren Kulturpflanzen keine anderen Pflanzen wachsen. Denn andere Pflanzen bringen immer zusätzliche Feuchtigkeit in den Bestand und verhindern außerdem das Abtrocknen, da die Luft schlechter zirkulieren kann.

Geizen und Entblatten: Im Gewächshaus entfernen wir nicht nur das Unkraut, sondern schneiden auch die Kulturpflanzen stark zurück. Vor allem bei kräftig wachsenden Pflanzen wie Tomaten und Gurken könnt ihr schon im Juli anfangen, regelmäßig die unteren Blätter abzubrechen. Zudem werden von Anfang an Seitentriebe weggeschnitten oder eingekürzt (das nennt man »geizen« – siehe hierzu und zum Hochbinden spezifische Kulturanleitungen z. B. tG 2017 S. 29f.). Das Entfernen der Blattmasse führt ebenfalls dazu, dass die Pflanzen besser abtrocknen können, was vor allem Pilzkrankheiten vorbeugt. Die Reduktion des Fruchtansatzes durch Entfernen der Seitentriebe trägt außerdem dazu bei, dass die Pflanzen die vorhandenen Fruchtansätze optimal ausbilden können.

Fruchtfolge: Im Gewächshaus gibt es leider viel weniger Möglichkeiten als im Freiland, die verschiedenen Pflanzenfamilien über die Jahre abzuwechseln und damit eine ausgewogene Fruchtfolge einzuhalten. Denn besonders im Sommer dominieren nur zwei Familien: Nachtschattengewächse und Kürbisgewächse. Ideal wären mobile Gewächshäuser, doch diese sind mit einem recht großen Aufwand verbunden. Bei dauerhaft am selben Ort stehenden Gewächshäusern ist es deshalb um so sinnvoller, das Gewächshaus rund ums Jahr vielfältig zu nutzen und so Diversität in den Anbau zu bringen. Außerdem sollte auf eine gute Hygiene geachtet werden. Gemeint ist hiermit, dass z. B. kranke Pflanzenteile entfernt werden sollten, um eine verstärkte Ausbreitung zu verhindern. Und auch nicht verrottetes Mulchmaterial sollte im Herbst außerhalb des Gewächshauses kompostiert werden. Eine Schicht frischer Mulch im Frühling kann eine zusätzliche Barriere gegen im Boden überdauernde Pilze darstellen. Sie gelangen häufig über Spritzwasser beim Gießen vom Boden auf die Blätter.

Schädlinge und Krankheiten im Gewächshaus: Gerade weil das Fruchtgemüse im Gewächshaus über einen langen Zeitraum wächst, brauchen die Pflanzen auch in Bezug auf Krankheiten und Schädlinge besondere Aufmerksamkeit. Wie immer steht die Prävention an erster Stelle: Passende Wachstumsbedingungen in einem gesunden Boden ermöglichen auch gesundes Wachstum. Zusätzlich könnt ihr die Pflanzen mit Ackerschachtelhalmtee stärken (s. KW 15). Und sollten doch mal Läuse, Spinnmilben oder andere Plagegeister überhand nehmen, bietet ein Gewächshaus die Möglichkeit, gezielt Nützlinge einzusetzen und dabei Einblicke in eine äußerst faszinierende Welt zu erhalten (s. Kiss, Steinert 2018).

Der Anbau von Fruchtgemüse im Gewächshaus bietet die Gelegenheit, die Pflanzen für einen ungewöhnlich langen Zeitraum zu beobachten. Ganz automatisch sind wir beim Pflegen und Ernten mehrfach pro Woche mit unseren Tomaten, Gurken oder Auberginen beschäftigt und können dabei erleben, wie sie sich verändern. Eine vergleichbar intensive Beobachtung eines Blumenkohls braucht viel mehr Disziplin von uns Gärtner*innen, da ein Blumenkohl viel weniger Aufmerksamkeit benötigt. So ist für uns der Anbau von Fruchtgemüse im Gewächshaus Jahr für Jahr eine Einladung, besonders genau hinzuschauen und so einiges über diese Kulturen, aber auch über Wachstum im Allgemeinen zu lernen. Vielleicht geht es euch ja genauso? Wir wünschen euch gutes Gelingen und viel Freude im Gewächshaus.

Zum Weiterlesen:

Heistinger, A., Arche Noah (2013): Handbuch Bio-Balkongarten. Gemüse, Obst und Kräuter auf kleiner Fläche ernten. Löwenzahn Verlag.

Kiss, F., Steinert, A. (2018): Handbuch Pflanzenschutz im Biogarten: Wirkungsvoll vorbeugen, erkennen und behandeln. 100 % biologische Methoden. Löwenzahn Verlag.

Heistinger, A., Arche Noah (2010): Handbuch Biogemüse. Löwenzahn Verlag.

Lorenz-Ladener, C. (2012): Kleine grüne Archen. Ökobuch.

Tomatenspezial: Layern

Tomaten wachsen unter guten Bedingungen immer weiter und können auch in unbeheizten Gewächshäusern fünf Meter und länger werden. Doch wohin mit dem endlos langen Trieb? Manchmal stoßen die Pflanzen, schon bevor die ersten Früchte reif sind, an die Gewächshausdecke. Profis »layern« Tomaten deshalb. Das heißt, die Pflanzen werden nach und nach heruntergelassen und wachsen dann L-förmig weiter (siehe Skizze).

So geht's:

- Ihr braucht lange Schnüre, an die ihr die Tomaten binden könnt. Später werden sie daran heruntergelassen.
- Abstandhalter (*) zum Boden verhindern, dass die Früchte am Boden liegen und dabei dreckig oder angefressen werden.
- Die waagrecht wachsenden Triebteile sollten entblattet sein (sobald sich 14 Blätter gebildet haben, können von unten Blätter entfernt werden – aber nie mehr als drei Blätter auf einmal!)
- Dann wird die Schnur oben ein Stück abgewickelt und an die Stelle der Nachbarpflanze verschoben. So wird mit allen Pflanzen verfahren.
- Layern funktioniert besonders gut beim Tomatenanbau in Doppelreihen. Dann können die Pflanzen immer weiter in einer Spirale wachsen: Hierbei wird z. B. die Tomatenpflanze von Platz 1 auf Platz 2 verschoben und dann immer weiter (siehe Skizze). Am Ende der Reihe wechseln die Tomaten auf die andere Seite (also von Platz 5 auf Platz 6 bzw. von Platz 10 auf Platz 1). Dabei werden sie um einen Stab (**) am Reihenende gelegt, der verhindert, dass die Pflanzen nach innen kippen.

Fragen an ein Samenkorn ...
oder was ihr bei der Anbauplanung bedenken könnt

Auch wenn wir euch im taschenGARTEN mit einer fertigen Anbauplanung versorgen, ist es für euren gärtnerischen Erfolg natürlich hilfreich, wenn ihr auch nachvollziehen könnt, warum wir ein bestimmtes Vorgehen empfehlen. Deshalb geben wir euch auf den nächsten Seiten grundlegende Infos zum Gemüseanbau und erklären, was wir mit den verschiedenen Symbolen und Abkürzungen meinen. Hierbei hangeln wir uns an der Grafik auf dieser Doppelseite entlang. Diese soll euch die Fragen aufzeigen, mit denen ihr herausfindet, wie ein Samenkorn zu einer kräftigen Pflanze heranwachsen kann.

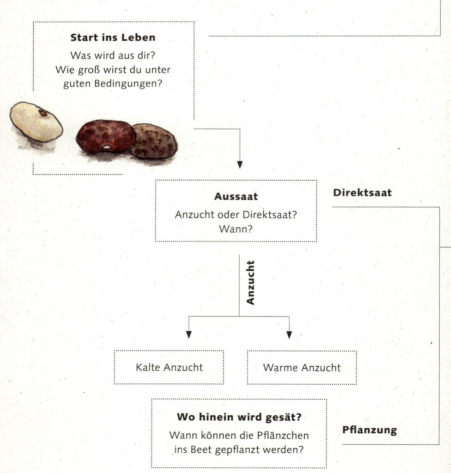

Start ins Leben
Was wird aus dir?
Wie groß wirst du unter guten Bedingungen?

Aussaat
Anzucht oder Direktsaat?
Wann?

Direktsaat

Anzucht

Kalte Anzucht

Warme Anzucht

Wo hinein wird gesät?
Wann können die Pflänzchen ins Beet gepflanzt werden?

Pflanzung

Wie lange dauert das?

Was braucht die Pflanze jetzt?
z. B. Wasser
Unkraut jäten
Nachdüngen
Vliesabdeckung
Schädlingsschutz

Für welche Pflanzen
eignet sich mein Garten?

Standort
Platzbedarf
Sonne / Schatten
geschützt / windig
Fruchtfolge
Nährstoffbedarf

Pflege

Ernte
Kontinuierliche Ernte?
Einmalernte?

Wie viel werde ich
voraussichtlich ernten?

1. Anzucht und Pflanzung oder Direktsaat:

Bei vielen Gemüsearten lohnt es sich, Pflänzchen an einem geschützten, hellen Ort vorzuziehen und erst später auszupflanzen. Andere Pflanzen – vor allem Wurzelgemüse – wachsen am besten, wenn sie direkt in den Garten gesät werden (siehe auch Wurzelgärtnern tG 16). Deshalb ist unsere Anbauplanung in die drei Kategorien Anzucht, Pflanzung und Direktsaat unterteilt.

In den Tabellen im Kalenderteil findet ihr in den Zeilen zu Anzucht und Pflanzung immer auch die Info, wann die Jungpflanze ausgepflanzt werden kann bzw. wann sie gesät wurde (angegeben in Kalenderwochen (KWs)). Bei der zeitlichen Planung gehen wir davon aus, dass ihr einen Anzuchtort mit passender Temperatur und genügend Licht zur Verfügung habt und gute Jungpflanzenerde verwendet. Unter ungünstigen Bedingungen kann die Entwicklung auch länger dauern, als von uns eingeplant.

Jungpflanzenanzucht

Jungpflanzen brauchen die richtigen Bedingungen zum Wachsen: Generell gilt, dass die Jungpflanzenerde wenig gedüngt sein sollte. Licht können die Pflänzchen normalerweise gar nicht genug haben – ein Fensterbrett nach Süden wäre gut. Die bevorzugten Temperaturen schwanken. Wir haben grob in zwei Gruppen unterteilt: Die Wärmeliebenden kommen in die warme Anzucht, z. B. in die Wohnung (nachts möglichst nie unter 10 °C, tagsüber 19–25 °C). Alle anderen kommen in die kalte Anzucht, zum Beispiel in ein helles Treppenhaus (frostfrei, tagsüber etwa 15 °C). Außerdem bieten sich je nach Pflanze verschiedene Aussaatgefäße an. Wir empfehlen Aussaatschalen (AS), Multitopfplatten (MT), das Frühbeet (FB) und kleine Töpfe (10er-Topf), siehe die Legende auf S. 174.

2. Standortbedingungen:

Bei Direktsaaten müsst ihr euch von Anfang an für einen geeigneten Standort entscheiden, bei vorgezogenen Pflanzen steht die Entscheidung etwas später an. Insgesamt ist es sinnvoll, am Anfang des Jahres einen Plan zu machen, was wohin soll, sowie zu überprüfen, ob die taschenGARTEN-Anbauplanung für eure Zwecke angepasst werden muss. Dann könnt ihr auch planen, wie viele Pflanzen von welcher Art ihr vorziehen müsst und wie viel Saatgut ihr braucht. In den wöchentlichen Anbautabellen geben wir bei den Aussaatmengen immer etwas mehr an, als später gepflanzt werden soll. So könnt ihr die schönsten Pflänzchen aussuchen.

Folgende Punkte haben wir bei der Anbauplanung berücksichtigt:

- **Platz:** Die meisten Pflanzen brauchen mehr Platz, als man denkt, wenn man ein winziges Samenkorn oder eine kleine Jungpflanze in den Händen hält. Deshalb lohnt es sich nachzumessen. Angaben zum Platzbedarf machen wir in Zentimetern, z. B. so: 35*35. Der Platz wird am besten ausgenutzt, wenn  ihr die Pflänzchen immer versetzt zueinander pflanzt. Im von uns beschriebenen biointensiven Anbau sind bei manchen Kulturen geringere Pflanzabstände möglich, als üblicherweise auf den Samenpackungen angegeben. Wir haben viele Aussaat- und Pflanzabstände für dieses Anbausystem angepasst.

- **Licht:** Die meisten Gemüsepflanzen können in unseren Breitengraden gar nicht genug Licht abbekommen und wachsen nur ungern im Halbschatten/ Schatten. Außerdem hängt das Wachstum der Pflanzen mit der Tageslänge zusammen. An langen Tagen fängt z. B. Spinat sehr schnell an zu schießen. Deshalb pflanzt man bei uns Spinat nur im Frühling und Herbst und macht über den Sommer eine Anbaupause. Wundert euch also nicht, warum der Spinat in vielen Wochen nicht in der Tabelle auftaucht.

- **Temperatur:** Pflanzen haben verschiedene Temperaturansprüche und wachsen auch deshalb zu unterschiedlichen Jahreszeiten. Die Anbauplanung geht von mitteleuropäischen Durchschnittstemperaturen aus. Da kein Jahr wie das andere ist und es regionale Unterschiede gibt, müsst ihr eure Planung eventuell anpassen. Besonders wärmebedürftige Pflanzen könnt ihr außerdem durch Gewächshäuser, Wärme abstrahlende Mauern etc. unterstützen. Und im Hochsommer kann bei manchen Kulturen auch eine Beschattung helfen – Salat z. B. keimt bei hohen Temperaturen schlecht, und Gurken verbrennen sich häufig die Köpfe.

- **Nährstoffbedarf:** Pflanzen haben einen unterschiedlich großen Nährstoffbedarf. Grob unterteilt werden sie deshalb in Schwach-, Mittel-, und Starkzehrer (siehe Anbautabelle ab S. 176). Sowohl Nährstoffmangel als auch Nährstoffüberschüsse stressen die Pflanzen – deshalb solltet ihr unbedingt die Düngeempfehlungen beachten und die einzelnen Beetabschnitte entsprechend dem Nährstoffbedarf der darauf wachsenden Pflanzen versorgen. Hierzu siehe auch die Düngetabelle auf S. 187.

- **Fruchtfolge:** Für die verschiedenen Pflanzenfamilien sind unterschiedliche Krankheiten typisch. Um deren Übertragung und eine einseitige Nährstoffentnahme aus dem Boden zu vermeiden, ist es empfehlenswert, auf einer Fläche die Pflanzenfamilien über die Jahre abzuwechseln, also eine Fruchtfolge einzuhalten. Es ist daher gut zu wissen, was in den letzten Jahren auf euren Gartenflächen gewachsen ist und zu welcher Familie die einzelnen Pflanzen gehören. Manche Pflanzen reagieren besonders empfindlich auf eine enge Fruchtfolge – das haben wir in der Anbautabelle ab S. 176 dazugeschrieben. Meistens ist es aber so, dass kleine Gärten so vielfältig sind, dass kaum Fruchtfolgeprobleme auftreten.

3. Timing im Garten und Anbau in Sätzen

Da in unseren Breitengraden die Pflanzen, wie oben beschrieben, nur zu bestimmten Jahreszeiten angebaut werden können, haben wir einen Vorschlag für eine Anbauplanung erarbeitet, den wir, nach Kalenderwochen (KWs) aufgeteilt, den Kalenderblättern zugeordnet haben – so seht ihr jede Woche, was ihr gerade tun könnt.
Es gibt Pflanzen, die über einen längeren Zeitraum immer wieder beerntet werden können – Zucchini, Mangold oder Tomaten gehören dazu. Bei Möhren, Radieschen oder Kohlrabi kann hingegen nur einmal geerntet werden. Oft schlagen wir deshalb mehrere »Sätze« vor. Von Sätzen sprechen die Profis, wenn zu verschiedenen Zeitpunkten immer wieder ausgesät wird, um zum Beispiel während der ganzen Saison kontinuierlich Kohlrabi ernten zu können. Würde man nämlich nur einmal aussäen, wäre alles gleichzeitig reif und der Spaß ganz schnell vorbei. Sätze machen also auch bei einem ganz kleinen Garten Sinn, und ein Satz kann auch nur aus drei Pflanzen bestehen.

4. Pflege während des Wachstums

Bei der Pflege der Pflänzchen geht es darum, immer wieder gute Bedingungen für das Wachstum herzustellen. Hier einige Punkte, die ihr regelmäßig überprüfen könnt:

- Gibt es zu wenig, ausreichend oder zu viel Wasser?
- Muss gejätet/gehackt werden?
- Fehlen Nährstoffe oder gibt es Überschüsse?
- Nehmen Schädlinge oder Krankheiten überhand?
- Stimmen die Temperaturverhältnisse?

Wir machen dies, indem wir mindestens einmal pro Woche durch den Garten gehen und uns Zeit nehmen, alle Pflanzen wenigstens kurz zu betrachten. So verpassen wir möglichst wenig und lernen auch eine Menge über das Wachstum und Leben der Pflanzen und anderer Organismen im Garten.

Legende und Begriffsklärung

Vollmond	○	**Abnehmender Mond**	(
Neumond	●	**Zunehmender Mond**	)
Freiland		FL	Der größte Teil des Anbaus findet im Freiland statt. Wenn nichts anderes dabeisteht, ist im taschenGARTEN immer Freilandanbau gemeint.
Gewächshaus		GH	Manche Pflanzen brauchen besonders viel Schutz und Wärme. Für sie empfehlen wir den Anbau im Gewächshaus. Wir nennen es zwar Gewächshaus, es kann aber auch ein Folientunnel sein.
Minitunnel		MiTu	Für einen Minitunnel werden Stangen aus Federstahl über ein Beet gebogen und mit Vlies abgedeckt (KW 7). So kann mit wenig Aufwand mehr geschützte Fläche z. B. für den Anbau von Salat oder Kohlrabi im späten Herbst und frühen Frühjahr geschaffen werden.
Vlies		VL	Vlies ist luft-, licht- und wasserdurchlässig und speichert Wärme. Besonders im Frühjahr und Herbst wachsen Pflanzen unter Vlies viel besser. Und auch im Sommer schützt Vlies vor Verdunstung und unterstützt somit die Keimung eurer Aussaaten.
Netz		Netz	Das Material ist wie ein Fliegengitter und wird zur Schädlingsabwehr eingesetzt. Achtet darauf, dass ihr die passende Maschenweite benutzt (z. B. 0,8 mm zur Abwehr von Erdflöhen) und das Netz am Rand dicht am Boden aufliegt.
Frühbeet		FB	Das ist ein Minigewächshaus, das sich auch gut für die Anzucht von Jungpflanzen anbietet. Achtet hier besonders darauf, gründlich zu lüften: Sobald die Sonne scheint, heizt sich der kleine Raum sehr schnell auf, und eure Pflänzchen können leicht verbrennen. Die Aussaaten, für die wir ein Frühbeet empfehlen, könnt ihr alternativ auch unter Vlies im Freiland säen.
Multitopfplatte		MT	Das ist ein Aussaatgefäß, bei dem viele kleine Töpfchen aneinanderhängen. Profivarianten bestehen zwar aus Plastik, halten aber bei guter Pflege ewig. Es gibt sie in verschiedenen Größen. Für die meisten Arten bieten sich die 77er-Platten an. Ansonsten könnt ihr auch Eierschachteln verwenden. Die müsst ihr allerdings sehr voll mit Erde machen, da die Pflänzchen ansonsten zu wenig Wurzelraum haben.
Aussaatschale		AS	Das sind etwa 4 cm hohe Schalen, in die viele Samen auf einmal gesät und, sobald die Keimblätter ausgebildet sind, auseinandergepflanzt (pikiert) werden.
Töpfchen mit 10 cm Ø		10er	Manche Pflanzen freuen sich schon früh über etwas mehr Platz. Sie werden direkt in einen kleinen Topf gesät.

Pflanzung	**PF**	Jungpflanzen werden ins Beet gepflanzt.
Direktsaat	**DS**	Samen werden ohne Vorziehen direkt an Ort und Stelle ausgesät.
Abstand	**x*y**	Abstände bei Pflanzungen und Aussaaten geben wir in Zentimetern an, z. B. 20*30.
Satz	**Satz**	Bei vielen Arten empfehlen wir, mehrfach im Jahr zu säen oder zu pflanzen. Die Profis nennen das Anbau in Sätzen.
Aussaat-/ Pflanzort	**Wo**	In der wöchentlichen Anbauplanung schlagen wir vor, wo ihr säen oder pflanzen könnt. Bei der Anzucht geht es hier um verschiedene Anzuchtgefäße (z. B. MT). Bei Pflanzungen und Direktsaaten geht es um den Platz in eurem Garten (z. B. A1). Unseren Beispielplan haben wir innen in die Buchklappen des taschenGARTENs gedruckt – vorne Freiland, hinten Gewächshaus.
Kalenderwoche	**KW**	Im Garten wird klassischerweise vieles nach Kalenderwochen geplant. Deshalb haben auch wir die Anbauplanung so strukturiert.
Saattiefe	**x cm**	Saattiefen geben wir z. B. so an: 3 cm.

Anbautabelle

Weitere Infos zu den Inhalten dieser Tabelle gibt es im Text Gärtnern mit dem taschenGARTEN ab Seite 6 und Seite 168.

In der folgenden Anbautabelle findet ihr auf einen Blick, was wann und wo vorgezogen, ausgepflanzt oder direkt gesät werden kann. Außerdem ist sie voller kleiner Hinweise zu den einzelnen Pflanzen. Wichtig ist hierbei: Bei vielen Arten sind nicht alle Sorten für die angegebenen Zeiträume geeignet. Im Frühling werden zum Beispiel häufig andere Sorten verwendet als im Herbst. Wir stellen also dar, wann der Anbau der einzelnen Kulturen prinzipiell möglich ist. Bitte beachtet jedoch immer auch die Angaben zu den Sorten, die ihr verwenden wollt. Wir beschreiben zudem, ob die Arten bevorzugt im Freiland oder im Gewächshaus angebaut werden können bzw. ob beides möglich ist. Das hängt natürlich auch mit der Jahreszeit zusammen. Auch hier ist es hilfreich, die Sortenempfehlungen zu berücksichtigen. Bei den angegebenen Abständen orientieren wir uns an gängigen Empfehlungen sowie neuen Erfahrungen aus dem biointensiven Anbau. So geben wir teilweise engere Abstände an als üblich, da sich gezeigt hat, dass diese im biointensiven Anbau gut funktionieren.

AZ Anzucht	**FB** Frühbeet	**10er-Topf** Topf mit 10 cm Ø
PF Pflanzung	**AS** Anzuchtschale	**x cm** Saattiefe
DS Direktsaat	**MT** Multitopfplatte	**x*y** Abstand in cm
FL Freiland	**kalt** kalte Anzucht (~15 °C)	
GW Gewächshaus ohne Heizung	**warm** warme Anzucht (~20 °C)	

Name / Familie			1	2	3	4	5	6	7	8	9	10	11	12
	AZ	Anzucht												
	PF	Pflanzung												
	DS	Direktsaat												
Asiasalat	AZ	kalt MT												
	PF	FL/GW 25*10												
Kreuzblütler	DS	FL/GW 1 cm 20*5												

Schwachzehrend; Aussaatzeit stark sortenabhängig. Frühere und spätere Aussaaten im Gewächshaus möglich. Asiasalat wird meistens roh gegessen – manche Sorten schmecken auch gedünstet lecker.

			1	2	3	4	5	6	7	8	9	10	11	12
Aubergine	AZ	warm AS												
	PF	GW/FL 50*50												
Nachtschattengewächs	DS													

Starkzehrend; pikieren & topfen; wächst besonders gut im Gewächshaus. Manche Sorten auch für Freilandanbau geeignet.

			1	2	3	4	5	6	7	8	9	10	11	12
Basilikum	AZ	warm MT												
	PF	FL/GW 20*20												
Lippenblütler	DS													

Schwachzehrend; immer die Triebspitzen ernten (nicht die Seitenblätter!), dann können die Pflanzen den ganzen Sommer beerntet werden.

Name	AZ	Anzucht											
	PF	Pflanzung	1	2	3	4	5	6	7	8	9	10	11	12
Familie	DS	Direktsaat											
Blumenkohl	AZ	kalt FB/MT			■	■	■	■						
	PF	FL/GW 40*40					■	■	■	■				
Kreuzblütler	DS													

Starkzehrend; Pflanzzeitpunkt stark sortenabhängig; Fruchtfolge: mindestens 3 Jahre Abstand zu Kreuzblütlern.

Brokkoli	AZ	kalt FB/MT			■	■	■	■	■					
	PF	FL/GW 40*40					■	■	■	■				
Kreuzblütler	DS													

Starkzehrend; Pflanzzeitpunkte stark sortenabhängig. Wenn die Hauptblüte geerntet ist, wachsen meist zahlreiche Seitentriebe nach. Anzuchttipps siehe KW 6; Fruchtfolge: mindestens 3 Jahre Abstand zu Kreuzblütlern.

Buschbohnen	AZ													
	PF													
Hülsenfrüchtler	DS	FL 2–3 cm 30*6					■	■	■					

Schwachzehrend; sehr unkompliziert anzubauen, auch Saatgut lässt sich leicht selbst vermehren. Manche Sorten sollten für mehr Standfestigkeit gehäufelt werden.

Chicorée	AZ													
	PF													
Korbblütler	DS	FL 1–2 cm 30*5					■							

Mittelzehrend; Wurzeln werden ähnlich wie Möhren im Freiland angebaut. Nach dem ersten Frost ausgraben und an einem warmen, dunklen Ort treiben, siehe tG 2016, KW 52.

Chinakohl	AZ	kalt MT							■					
	PF	FL 35*35								■				
Kreuzblütler	DS													

Starkzehrend; unbedingt mit Netzen gegen Kohlweißling schützen. Einige Wochen lagerfähig. Schmeckt roh als Salat oder kurz gedünstet z. B. in einer Wok-Pfanne. Fruchtfolge: mindestens 3 Jahre Abstand zu Kreuzblütlern.

Dicke Bohne	AZ													
	PF													
Hülsenfrüchtler	DS	FL 5 cm 60*10			■	■								

Schwachzehrend; grüne Kerne kurz garen, getrocknete Kerne einweichen und lange weich kochen. Junge Schoten können auch im Ganzen gekocht werden.

Dill	AZ													
	PF													
Doldenblütler	DS	FL 1 cm 25*1				■	■	■	■					

Schwachzehrend; braucht ausreichend Wasser, um gut zu wachsen. Vlies oder Netz hilft, die Feuchtigkeit zu speichern.

Name	AZ	Anzucht											
	PF	Pflanzung	1	2	3	4	5	6	7	8	9	10	11	12
Familie	DS	Direktsaat											
Endivie	AZ	kalt MT											
	PF	FL/GW 35*35											
Korbblütler	DS												

Schwachzehrend; wächst bis in den Spätherbst im Freiland und noch länger im Gewächshaus. Manche Sorten vertragen feuchtes Wetter schlecht. Anbau auf kleinen Dämmen erleichtert das Abtrocknen.

Feldsalat	AZ	kalt MT 5 Korn											
	PF	FL/GW 10*10											
Baldriangewächs	DS	FL/GW 1 cm 15*2											

Schwachzehrend; im Freiland entwickeln sich frühe Aussaaten besser. Bei manchen Sorten sind spätere Sätze im Gewächshaus möglich. Direktsaaten gründlich jäten.

Fenchel	AZ	kalt MT											
	PF	FL/GW 25*25											
Doldenblütler	DS												

Mittelzehrend; Aussaatzeitpunkte stark sortenabhängig. Auf ausreichende und gleichmäßige Bewässerung achten. Abdeckung aus Vlies oder Netz hemmt die Verdunstung.

Grünkohl	AZ	kalt MT/FB											
	PF	FL 40*40											
Kreuzblütler	DS												

Starkzehrend; Abdeckung mit einem Kulturschutznetz hilft gegen Probleme mit Erdfloh, Kohlweißling, Weiße Fliege und Co. Fruchtfolge beachten: mindestens 3 Jahre Abstand zu Kreuzblütlern.

Gurken	AZ	warm 10er-Topf											
	PF	FL/GW 50*50											
Kürbisgewächs	DS												

Starkzehrend; Flachwurzler, bilden breites Wurzelgeflecht aus. Deshalb flächig gießen (1 m² um die Pflanze).

Kartoffel	AZ												
	PF	FL 5 cm 50*30											
Nachtschattengewächs	DS												

Mittelzehrend; zum „Vorkeimen" die Pflanzkartoffeln an einem hellen Ort bei ca. 15 °C auslegen, bis sich kleine kurze Triebe bilden.

Knoblauch	AZ												
	PF	FL 25*10											
Zwiebelgewächs	DS												

Mittelzehrend; Herbstknoblauch im Herbst stecken und im nächsten Sommer ernten. Frühjahrsknoblauch im Frühling stecken und im Sommer ernten. Pflanzzeitpunkt stark sortenabhängig.

Name			1	2	3	4	5	6	7	8	9	10	11	12
	AZ	Anzucht												
Familie	PF	Pflanzung												
	DS	Direktsaat												
Knollensellerie	AZ	warm MT			▓	▓	▓	·						
	PF	FL 35*35					▓	▓						
Doldenblütler	DS													

Starkzehrend; nur bei sehr hellen Anzuchtbedingungen selbst anziehen, ansonsten kaufen. Lässt sich gut lagern.

Kohlrabi	AZ	kalt MT			▓	▓	▓							
	PF	FL/GW 30*30				▓	▓	▓	▓	▓				
Kreuzblütler	DS													

Mittelzehrend; frühe/späte Sätze mit Vlies abdecken oder ins Gewächshaus pflanzen. Flach pflanzen, sodass die Knolle später den Boden nicht berührt und Pilze etc. sich nicht so leicht breitmachen können.

Kresse	AZ													
	PF								·					
Kreuzblütler	DS	FL/GW 1 cm 80 g/m²				▓	▓	▓	▓	▓	▓	▓		

Schwachzehrend; Anbau im Gewächshaus auch im Winter möglich. Großblättrige Sorten liefern höhere Erträge.

Kürbis	AZ	warm 10er-Topf					▓							
	PF	FL 100*100						▓						
Kürbisgewächs	DS	FL 2 cm 100*100						▓						

Starkzehrend; möglichst früh säen. Triebspitzen Mitte August kappen, sodass die vorhandenen Fruchtansätze gut ausreifen.

Lauchzwiebel	AZ	kalt MT 7 Korn		▓	▓									
	PF	FL 25*20				▓	▓				▓			
Zwiebelgewächs	DS	FL 1 cm 25*2				▓	▓	▓	▓	▓	▓			

Schwachzehrend; auch Anzucht in MT möglich; 5 Samen/Töpfchen.

Mairübchen/ Herbstrübchen	AZ													
	PF													
Kreuzblütler	DS	FL/GW 1 cm 25*5				▓	▓	▓		▓	▓			

Schwachzehrend; schnelle Entwicklungszeit, deshalb gut als Lückenfüller vor, zwischen oder nach anderen Kulturen geeignet. Roh und gekocht essbar. Aussaatabstände einzelner Sorten beachten.

Mangold	AZ	kalt MT				▓	▓			▓				
	PF	FL 30*30					▓	▓						
Gänsefußgewächs	DS	FL 1–2 cm 30*30				▓	▓	▓						

Mittelzehrend; äußerst dankbar im Anbau. Je regelmäßiger die äußeren Blätter geerntet werden, desto mehr wächst nach. Lässt sich gut überwintern.

Name			1	2	3	4	5	6	7	8	9	10	11	12
	AZ	Anzucht												
Familie	PF	Pflanzung												
	DS	Direktsaat												
Möhren	AZ													
	PF													
Doldenblütler	DS	FL 1 cm 20*2			D	D	D	D	D					

Mittelzehrend; zur Keimung mit Vlies abdecken (gleichmäßige Feuchtigkeit), gründlich jäten und auf 2 cm in der Reihe vereinzeln.

Paprika	AZ	warm AS			A	A								
	PF	GW/FL 50*50					P	P						
Nachtschattengewächs	DS													

Starkzehrend; hohe Keimtemperaturen bis 28 °C beschleunigen die Keimung. Pikieren und topfen. Pflanzungen im Gewächshaus haben meist deutlich bessere Erträge. Bei vielen Sorten sollte die erste Blüte ausgebrochen werden, damit mehr Fruchtansatz gebildet wird.

Pastinaken	AZ													
	PF													
Doldenblütler	DS	FL 1 cm 30*4			D	D	D	D						

Mittelzehrend; sehr frosthart, können deshalb – zumindest bei niedrigem Wühlmausdruck – den Winter über im Boden gelassen und nach und nach geerntet werden. Oft schlechte Keimfähigkeit, eventuell etwas enger säen und später vereinzeln.

Peperoni	AZ	warm AS			A	A								
	PF	GW/FL 50*50					P							
Nachtschattengewächs	DS													

Starkzehrend; hohe Keimtemperaturen bis 28 °C beschleunigen die Keimung. Pikieren und topfen.

Petersilie	AZ	warm → kalt MT			A	A	A	A						
	PF	FL/GW 20*20					P	P	P					
Doldenblütler	DS													

Schwachzehrend; keimt langsam (bei 20 °C 15–30 Tage); zur Überwinterung vor Schnee schützen, frühe Pflanzungen mit Vlies abdecken; Anbau im Gewächshaus bringt in den Übergangsjahreszeiten bessere Erträge; hier sind auch frühere Pflanzungen möglich.

Porree	AZ	kalt AS/FB		A	A	A								
	PF	FL 25*10				P	P	P	P					
Zwiebelgewächs	DS													

Starkzehrend; sehr heller Standort für Jungpflanzenanzucht nötig, sonst kaufen. Während der Anzucht immer wieder auf 20 cm Blattlänge zurückschneiden. Zeitplanung stark sortenabhängig.

Radicchio	AZ	kalt MT							A					
	PF	30*30								P				
Korbblütler	DS													

Schwachzehrend; gut lagerfähig. Kräftiger, bitterer Geschmack. Kann roh und gekocht gegessen werden.

Name / Familie	Typ	Details	1	2	3	4	5	6	7	8	9	10	11	12
	AZ	Anzucht												
	PF	Pflanzung												
	DS	Direktsaat												
Radieschen / Kreuzblütler	AZ													
	PF													
	DS	FL/GW 1 cm 15*1			■	■	■	■	■	■				

Schwachzehrend; eine durchgehende Ernte während der ganzen Saison kann gelingen, wenn immer nachgesät wird, sobald die Keimblätter des letzten Satzes voll entwickelt sind. Auf gleichmäßige Feuchtigkeit achten – eventuell mit Vlies abdecken. Auch Gewächshausanbau möglich.

Rettich / Kreuzblütler	AZ													
	PF													
	DS	FL 1 cm 25*8				■	■	■	■					

Schwachzehrend; Aussaatzeitpunkte und Abstände sortenabhängig. Bei Lagerrettichen können auch größere Sätze Sinn machen.

Rosenkohl / Kreuzblütler	AZ	kalt MT/FB		■	■									
	PF	FL 40*40					■	■						
	DS													

Starkzehrend; im Winter draußen stehen lassen und nach Bedarf ernten. Fruchtfolge: mindestens 3 Jahre Abstand zu Kreuzblütlern.

Rote Bete / Gänsefußgewächs	AZ													
	PF													
	DS	FL 1–2 cm 25*4					■	■						

Mittelzehrend; Blätter können wie Mangold zubereitet werden. Aber Achtung: Nur einzelne Blätter ernten, sodass ausreichend Photosynthesefläche für die Knollenentwicklung verbleibt. Auch Pflanzungen sind möglich.

Rotkohl / Kreuzblütler	AZ	kalt MT/FB			■									
	PF	FL 40*40				■	■							
	DS													

Starkzehrend; Abdeckung mit Kulturschutznetz gegen Kohlweißling, Erdfloh etc. Lässt sich gut lagern. Fruchtfolge: mindestens 3 Jahre Abstand zu Kreuzblütlern.

Rucola / Kreuzblütler	AZ	kalt MT 5 Korn			■				■	■				
	PF	GW 20*10				■				■	■			
	DS	FL 1 cm 20*1				■				■	■			

Schwachzehrend; fängt an langen Tagen schnell an zu blühen. Ausreichendes Wässern und regelmäßiges Zurückschneiden helfen.

Salat / Korbblütler	AZ	kalt MT	■	■	■			■		■	■			■
	PF	FL/GW 30*30				■			■		■			
	DS													

Schwachzehrend; jahreszeitlich passende Sorten wählen. Frühe und späte Sätze unter Vlies, im Minitunnel, Gewächshaus oder Frühbeet. Im Winter auf gute Anzuchtbedingungen achten. Pflücksalat kann enger gepflanzt werden.

Name / Familie			1	2	3	4	5	6	7	8	9	10	11	12
	AZ	Anzucht												
	PF	Pflanzung												
	DS	Direktsaat												
Scheerkohl	AZ													
	PF													
Kreuzblütler	DS	FL 1 cm 20*5			🟩	🟩				🟩	🟩			

Schwachzehrend; Blattkohl mit schneller Entwicklungszeit. Kann wie Spinat zubereitet werden.

			1	2	3	4	5	6	7	8	9	10	11	12
Spinat	AZ	kalt MT 3 Korn		🟩	🟩				🟩	🟩				
	PF	GW 25*10			🟨	🟨	🟨			🟨	🟨			
Gänsefußgewächs	DS	FL 1–2 cm 20*3												

Schwachzehrend; spätere Aussaaten zur Überwinterung möglich.

			1	2	3	4	5	6	7	8	9	10	11	12
Spitzkohl	AZ	kalt MT/FB		🟩	🟩	🟩								
	PF	FL 40*40				🟨	🟨	🟨						
Kreuzblütler	DS													

Starkzehrend; etwas zarter als Weißkohl. Sorten für Frischverzehr haben schnellere Entwicklungszeit als Lagerkohl. Fruchtfolge: mindestens 3 Jahre Abstand zu Kreuzblütlern.

			1	2	3	4	5	6	7	8	9	10	11	12
Stangenbohnen	AZ													
	PF													
Hülsenfrüchtler	DS	FL 2 cm 30*60					🟩	🟩						

Schwachzehrend; brauchen eine möglichst dünne Rankhilfe. Besonders geeignet sind Schnüre, die von oben herunterhängen. 2 Bohnen pro Schnur säen.

			1	2	3	4	5	6	7	8	9	10	11	12
Steckrübe	AZ	kalt MT					🟩							
	PF	FL 30*30						🟨						
Kreuzblütler	DS	FL 1 cm 30*30					🟩	🟩						

Mittelzehrend; gut lagerfähig. Kann auch enger gesät und später auseinandergepflanzt werden.

			1	2	3	4	5	6	7	8	9	10	11	12
Schnittlauch	AZ	kalt MT 6 Korn		🟩	🟩	🟩								
	PF	FL 20*20				🟩	🟩	🟩	🟩					
Zwiebelgewächs	DS													

Starkzehrend; nach erstem Frost Ballen ausgraben und auf der Fensterbank treiben. Saatgut verliert schnell Keimfähigkeit, daher für Aussaaten immer frisches verwenden.

			1	2	3	4	5	6	7	8	9	10	11	12
Tomate	AZ	warm AS			🟩	🟩								
	PF	GW/FL 50*50					🟨							
Nachtschattengewächs	DS													

Starkzehrend; an hellen Anzuchtorten früh mit der Anzucht beginnen, an weniger optimalen Orten entwickeln sich spätere Aussaaten besser. Pikieren, topfen. V. a. bei Freilandanbau auf krautfäuletolerante Sorten achten. Abstand zu Kartoffeln halten.

Name	AZ	Anzucht											
	PF	Pflanzung	1	2	3	4	5	6	7	8	9	10	11	12
Familie	DS	Direktsaat											
Weißkohl	AZ	kalt MT/FB			▓	▓	▓							
	PF	FL 40*40				▓	▓	▓						
Kreuzblütler	DS													

Starkzehrend; Pflanzung von Lagersorten ab Mai. Abdeckung mit Kulturschutznetz gegen Kohlweißling, Erdfloh etc. Fruchtfolge: mindestens 3 Jahre Abstand zu Kreuzblütlern.

Winterpostelein	AZ	kalt MT												
	PF	FL/GW 20*10										▓		
Quellkrautgewächs	DS	1 cm 20*2								▓	▓			

Schwachzehrend; im August Freilandpflanzungen/-aussaaten, danach im Gewächshaus, Frühbeet, Minitunnel.

Wirsing	AZ	kalt MT/FB			▓	▓	▓							
	PF	FL 40*40				▓	▓	▓	▓					
Kreuzblütler	DS													

Starkzehrend; jahreszeitlich passende Sorten wählen. Pflanzabstände abhängig von Sorte und gewünschter Kopfgröße. Abdeckung mit Kulturschutznetz gegen Kohlweißling, Erdfloh etc. Fruchtfolge: mindestens 3 Jahre Abstand zu Kreuzblütlern.

Wurzelpetersilie	AZ													
	PF													
Doldenblütler	DS	1 cm 20*2			▓	▓	▓							

Schwachzehrend; gründlich jäten. Späte Aussaaten bringen schlechtere Erträge. Die Blätter können als Blattpetersilie benutzt werden.

Zucchini	AZ	warm MT					▓							
	PF	FL 100*100						▓						
Kürbisgewächs	DS													

Starkzehrend; im Keimblattstadium pflanzen. Sehr frostempfindlich, daher frühe Sätze schützen.

Zuckererbsen	AZ													
	PF													
Hülsenfrüchtler	DS	FL 2–3 cm 50*8				▓	▓	▓	▓					

Schwachzehrend; Aussaat auch in Doppelreihen möglich: 20*8, dazwischen 70 cm Platz. Manche Sorten brauchen Rankhilfe. Besonders späte Sätze werden häufig früh von echtem Mehltau befallen.

Zuckerhut	AZ	kalt MT						▓						
	PF	FL 30*30							▓	▓				
Korbblütler	DS													

Schwachzehrend; Salat, relativ gut lagerfähig, bittersüßer Geschmack.

Name	AZ	Anzucht											
	PF	Pflanzung	1	2	3	4	5	6	7	8	9	10	11	12
Familie	DS	Direktsaat											
Zuckermais	AZ												
	PF												
Süßgras	DS	FL 2 cm 30*20											

Starkzehrend; Windbestäuber. Mindestens 20 Pflanzen für ausreichende Pollenkonzentration zur Bestäubung. Am besten mehrere Reihen nebeneinanderpflanzen.

Zwiebeln	AZ												
	PF	FL Steckzwiebeln 1 cm 25*8											
Zwiebelgewächs	DS	FL Saatzwiebeln 1 cm 25*8											

Mittelzehrend; ein Teil der Zwiebeln kann auch klein und frisch geerntet werden (wie Frühlingszwiebeln). Müssen gut trocknen, um lagerfähig zu sein.

Hier könnt ihr weitere Pflanzen in die Anbautabelle eintragen

	AZ												
	PF												
	DS												

	AZ												
	PF												
	DS												

	AZ												
	PF												
	DS												

	AZ												
	PF												
	DS												

	AZ												
	PF												
	DS												

Name			1	2	3	4	5	6	7	8	9	10	11	12
	AZ	Anzucht												
	PF	Pflanzung												
Familie	DS	Direktsaat												
	AZ													
	PF													
	DS													
	AZ													
	PF													
	DS													
	AZ													
	PF													
	DS													
	AZ													
	PF													
	DS													
	AZ													
	PF													
	DS													
	AZ													
	PF													
	DS													
	AZ													
	PF													
	DS													

Gründüngungen – den Boden bedecken

Hier findet ihr eine Übersicht über verschiedene Gründüngungen, die wir für den Hausgarten und die Arbeit ohne Beetfräse oder Ähnliches sinnvoll finden. Die Gründüngungen sind vor allem danach ausgewählt, ob es auch von Hand möglich ist, sie ohne größeren Aufwand wieder loszuwerden. Außerdem haben wir Pflanzen ausgesucht, die sich gut und ohne Fruchtfolgeprobleme zu generieren, in den klassischen Gemüseanbau integrieren lassen. Zudem sind viele der empfohlenen Gründüngungen nektarreich und willkommenes Futter für zahlreiche Insekten.

Art	Aussaatzeitraum	Info
Buchweizen	April – August	Fruchtfolgeneutral; bedeckt den Boden schnell und verhindert so Auswaschungen; sehr frostempfindlich – also vor allem als Zwischenfrucht im Sommer
Lein	April – Juli	Fruchtfolgeneutral; lockert gründlich; bildet wunderschöne blaue Blüten; auch Speiselein kann verwendet werden
Phazelia	März – September/Oktober	Gute Insektenweide; vergleichsweise späte Aussaaten entwickeln sich trotzdem gut
Ackerbohne	Februar – August	Stickstoffsammlerin; sehr frühe Aussaaten möglich
Lupine	Mitte März – Juli	Stickstoffsammlerin
Ringelblume	März – August	Bedeckt schnell den Boden; gute Insektenweide
Sonnenblume	April – August	Bindet gut Nährstoffe; es sollten Sorten gewählt werden, die Nektar bilden; wenn sie im Winter stehen bleiben, können Vögel Kerne picken
Senf	Mitte August – September	Wächst sehr schnell und unterdrückt Unkraut wirksam; Achtung, Kohlgewächs – in kohllastigen Fruchtfolgen können Probleme auftauchen

Die einzelnen Gründüngungspflanzen können auch gemischt werden. Viele Saatgutfirmen bieten fertige Mischungen an, die durch ihre Vielfältigkeit besonders gut für den Boden sind.

Eure Erde sollte möglichst nie unbedeckt sein. Lebendiger Bewuchs ist für den Boden am besten, da die Pflanzen das Bodenleben mit Nährstoffen versorgen. Ist das nicht möglich, weil es z. B. schon zu spät im Jahr ist oder schon in zwei Wochen die nächste Pflanzung ansteht, könnt ihr den Boden auch mit organischem Material mulchen oder mit wasserdurchlässigem Bändchengewebe oder Mulchvlies abdecken.

Düngetabelle: Pflanzen brauchen Nährstoffe

Wie viel gedüngt werden muss, hängt davon ab,
- wie groß der Nährstoffbedarf der Pflanzen ist. Das könnt ihr der Anbautabelle entnehmen;
- wie viele Nährstoffe in eurem Boden bereits vorhanden sind. Das könnt ihr über eine Bodenanalyse oder mit etwas Übung am Wuchs der Pflanzen erkennen;
- wie lebendig euer Boden ist und ob Nährstoffe über das Bodenleben bereitgestellt werden.

Hilfreich zum Erkennen von Nährstoffmangel ist auch ein Diagnoseschema:
http://www.tll.de/visuplant/vp_idx.htm.

Nährstoffe sollten am besten in organischer Form bzw. im Fall von Mineraldüngern (z. B. Kalk) in ihrer natürlichen Zusammensetzung ausgebracht werden. Es gibt unzählige Möglichkeiten, wie ihr genau düngen könnt. Neben der genauen Nährstoffzusammensetzung hat die Verfügbarkeit der Stoffe einen Einfluss darauf, welche Dünger wir verwenden. Wir arbeiten mit den folgenden Düngemitteln:

Dünger	Eigenschaften und Mengen
Kompost	Je nach Ausgangsstoffen und Art der Kompostierung variiert der Gehalt an verfügbaren Nährstoffen; wertvoll zur Bodenverbesserung (tG 22, S. 11); abhängig vom Nährstoffbedarf der Pflanzen und Zustand des Bodens 5–20 l/m² und Jahr.
Pflanzenjauchen + Hühnerjauche	Beinhalten viele leicht verfügbare Nährstoffe; dienen v. a. dazu, kurzfristigen Nährstoffmangel auszugleichen oder bei schnell wachsenden und starkzehrenden Kulturen in kurzer Zeit ausreichend Nährstoffe bereitzustellen; Mengen abhängig von Konzentration und Ausgangsstoffen.
Schafwolle	Kann als Mulch verwendet werden (etwa 2 cm dick ausbringen) und liefert so über einen langen Zeitraum Stickstoff; zur Zersetzung der Wolle sollte sie mit Grasschnitt abgedeckt und feucht gehalten werden.
Urin	Enthält v. a. Stickstoff und Phosphor; kann 1:20 verdünnt alle 2–3 Wochen bei starkzehrenden Pflanzen ausgebracht werden; pro Jahr und m² 1–5 l.
Kalk	Erhöht den pH-Wert des Bodens und sollte nur auf sauren Böden ausgebracht werden; Mengen abhängig vom genauen Produkt; Dosierungsempfehlung beachten; Kalk mit langsamer Verfügbarkeit nutzen.

Zum Weiterlesen: Heistinger, A., Grand, A. (2014): Biodünger selber machen. Löwenzahn Verlag. Leclerc, B. (2017): Lebendiger Boden. Leopold Stocker Verlag.

Notizen

GartenWerkStadt

Der taschenGARTEN wird von der GartenWerkStadt herausgegeben, und deshalb stellen wir euch an dieser Stelle vor, was wir sonst noch so machen:

Wir haben die GartenWerkStadt 2012 mit dem Ziel gegründet, in Marburg Räume für eine Auseinandersetzung mit landwirtschaftlichen Themen und gesunder Ernährung ins Leben zu rufen – und dabei praktisch die Grundlagen des ökologischen Anbaus zu vermitteln und eine Diskussionsplattform für agrarpolitische Themen zu schaffen. Die GartenWerkStadt wächst Stück für Stück, und es kommen immer wieder neue Bausteine hinzu.

Wir bieten vielfältige Gartengruppen und Workshops an, unter anderem fortlaufende Kurse für Grundschulen aus dem Stadtteil sowie Gemeinschaftsgartengruppen für Einsteiger*innen, Fortgeschrittene und Familien. Es gibt Kurse mit Praxisschwerpunkt und welche, die sich dem Thema Garten stärker aus einer theoretischen Perspektive nähern.

Jahr für Jahr gestalten wir auch eine Ausstellung in unserem Garten, die jederzeit öffentlich zugänglich und später auch auszuleihen ist.
Es freut uns sehr, dass sich die GartenWerkStadt in den letzten Jahren immer weiter entwickelt hat und immer mehr Menschen unsere Begeisterung und unser Interesse fürs Gärtnern und all die daran anschließenden Fragen teilen!

Große Teile unserer praktischen Arbeit finden auf dem Gesundheitsgartengelände der Universitätsstadt Marburg statt, die aktuell unsere wichtigste Kooperationspartnerin ist.

Wer uns besuchen will, ist herzlich willkommen. Aktuelle Infos zu unseren Veranstaltungen gibt's unter **www.gartenwerkstadt.de**

Euer GartenWerkStadt-Team

Bibliografische Information der Deutschen Nationalbibliothek: Die Deutsche Nationalbibliothek verzeichnet diese Publikation in der Deutschen Nationalbibliografie; detaillierte bibliografische Daten sind im Internet über www.dnb.de abrufbar.

© 2022 oekom, München
oekom verlag, Gesellschaft für ökologische Kommunikation mbH
Waltherstraße 29, 80337 München

GartenWerkStadt Marburg
Papier & Pflanze GbR, Kati Bohner und
Anja Banzhaf
taschenGARTEN@gartenwerkstadt.de
www.gartenwerkstadt.de
www.taschen-garten.de

Lektorat: Annika Christof-Ansarian
Korrektorat: Silvia Stammen
Layout: Mimoza Lubeniqi
Satz: Vanessa Weuffel
Illustrationen: Anja Banzhaf, Kati Bohner
Coverillustration: Anja Banzhaf
Druck: msi – media serve international gmbh, Marburg

Alle Rechte vorbehalten
Printed in Germany
ISBN: 978-3-96238-346-6

natürlich oekom!

Mit diesem Buch halten Sie ein echtes Stück Nachhaltigkeit in den Händen. Durch Ihren Kauf unterstützen Sie eine Produktion mit hohen ökologischen Ansprüchen:

- 100 % Recyclingpapier
- mineralölfreie Druckfarben
- Verzicht auf Plastikfolie
- Kompensation aller CO_2-Emissionen
- kurze Transportwege – in Deutschland gedruckt

Weitere Informationen unter www.natürlich-oekom.de
und #natürlichoekom

Beetplan fürs Gewächshaus
8 m² Beetfläche zuzüglich Wege

Gewächshaus im Frühling ab KW 10

5 Blum

5 Kohlrabi, 10 Salate

+ 0,5 m² Radieschen, 0,5 m² Rucola, Petersilie (an den Rand)

Gewächshaus im Sommer ab KW 21

5 Paprika, 4 kle
dazwi

10 Tomaten

Gewächshaus im Herbst ab KW 38

15
2,5 m Reihe Asi

2 m² Spinat + 0,5 m² Radieschen